天津博物馆精品系列图集

主　　编：白文源

编　　委 (以姓氏笔画为序)：

于　英　于　悦　白文源　刘　渤

李　凯　陈　卓　徐春苓　钱　玲

黄克力　董鸿程　蔡鸿茹

天津博物馆藏玉

撰　　稿：曹　平　孙丽萍　邵　雯

摄　　影：李国强　刘士刚　王一川

天津博物馆精品系列图集

天津博物馆 编

天津博物馆藏玉

文物出版社

总序

◎白文源

天津素有深厚的文物集藏传统，晚清近代以来，这种传统更是发展到极致，境内收藏鉴赏名家云集，传世珍品名品荟萃，私人收藏极其丰富。天津博物馆根植于这片沃土，其发展历程既是公私收藏逐渐合流的过程，更是新中国成立以来文物博物馆事业在党和政府高度重视和持续不断地投入下快速发展的见证。

早在 20 世纪 50 年代，天津就在国内率先建立了专门性的艺术类博物馆——天津市艺术博物馆，其职责是搜集、整理、研究并展示中国历代艺术品和天津地方民间艺术。历史证明这是一个极富远见卓识的决策！经过近半个世纪不间断地勉力征集，天津市艺术博物馆构建起品类较齐全、体系较完整的中国历代艺术品收藏体系，其中的书法、绘画、瓷器、玉器、甲骨、玺印、敦煌文献、砚台、钱币等类别文物，以量多质精在国内外博物馆界享有盛誉。在这些精美的历代艺术品中，除利用历届政府所拨款项遴选、征集的外，还有相当一部分来自热心文物事业的社会各界人士的无私捐赠。其中周叔弢先生、张叔诚先生、徐世章先生等一大批爱国收藏家更是将毕生所藏慷慨捐赠给国家，他们的藏品不仅数量多、成系列，如周叔弢先生的三百余件敦煌文书、九百余方历代玺印，张叔诚先生的四百余件古代书画，徐世章先生的数百方砚台、玉器等等，而且品质极高，其中不乏屡见著录、流传有序的传世名品，这些藏品是奠定天津市艺术博物馆在业界地位的最重要的物质基础。

2004 年，原天津市艺术博物馆和天津市历史博物馆合并组建成立天津博物馆，这是博物馆事业发展到 21 世纪时文物主管部门的又一个审时度势的重大举措。原艺术博物馆丰富的历代艺术品收藏与原历史博物馆大量反映中国近现代历史进程和社会变迁的文物、文献资料汇集在一起，馆藏数量达到近 20 万件，实现了优势互补、合力发展。藏品的极大丰富和收藏体系的进一步完善成为天津博物馆新时期快速发展的原动力，博物馆的性质明确为人文类综合性博物馆，历史与艺术并重成为其特质和新的起点。

2012 年，天津市政府投资 8.3 亿元建设的天津博物馆新馆即将落成开放。新馆位于文化中心区域内，展厅与库房面积与原馆舍相比大大增加，馆内设施设备一流，能更好地满足新时期博物馆自身快速发展和服务社会的需要。

在新馆建成开放之际，为了更好地履行职责，进一步服务公众，回馈社会，我们从馆藏的书法、绘画、瓷器、玉器、砚台、玺印中选取精华编撰《天津博物馆藏瓷》、《天津博物馆藏玉》、《天津博物馆藏砚》、《天津博物馆藏书法》、《天津博物馆藏绘画》、《天津博物馆藏玺印》，作为《天津博物馆精品系列图集》丛书中的首批六种公开出版发行，将丰富精美的收藏以及相关研究成果公之于众，让更多的人能够获取这些公共历史文化资源，推动更深入的研究，不负国家对博物馆的期望和巨大投入。天津博物馆将以此为基点，逐步将丰富馆藏以系列公开出版物的形式陆续向公众开放，与陈列展览、社会教育共同构建具有博物馆特色的公共文化服务体系，提升博物馆服务社会的广度和深度。同时，更藉由图集的出版，深切缅怀那些为天津博物馆的发展作出巨大贡献的爱国收藏家们，并以此向他们化私为公、慷慨捐赠的高尚情操致敬！

2012 年 3 月

目录

概述

◎徐春苓

古玉的研究，始自宋代，迄今已历经千秋。20 世纪 80 年代起，科学考古带来了丰硕的成果，使多年惑于标准器的匮乏而成就不卓的古玉研究不断深入，跨进一个快速发展的阶段，从而使人们对玉文化在中华文明发展历程中所起的重要作用，有了更深的认识和诠释。

玉具有温润坚硬、色泽美观的特质，自古以来为中国人所喜爱。而玉器，在中国几千年的历史发展长河中，始终扮演着重要的角色，其于政治、经济、军事、道德、宗教、祭祀、文化、艺术等方面，无时无处不在彰显着它的价值。

华夏民族之所以对玉情有独钟，就是源于对玉的审美认知。从距今 8000 年前的兴隆洼文化遗址出土的玉玦起（图一），历史就为我们展开了一幅色彩缤纷的玉文化长卷。新石器时代的简朴神奇、商周时期的稚拙古雅、战国时期的奔放流畅、两汉时期的浪漫鲜活、唐宋时期的律动隽秀以及明清时期的繁缛华丽，时代风格非常鲜明。

天津博物馆富藏玉器万余件，纵贯古今，独具特色，其品类之丰富，器物之精美，在国内外文博界享有盛誉。本书仅从中遴选出部分精品，以飨同好。

一

考古发现，早在新石器时代中国就已经有了成熟的玉雕艺术品，其线刻、浮雕、圆雕、镂雕技法均已广泛运用，可以说，它们是中国数千年传统玉雕业的先导。

分布在内蒙古东部和辽宁西部的红山文化遗址，距今 5000-6000 年，因出土了很多具有地域性特色的玉器而蜚声海内外。其琢玉技艺，堪称新石器时代我国北方琢玉水平的最高代表。红山文化玉器，是我馆的收藏亮点，以其收藏的完整性、系列性位居国内博物馆前列。几近囊括勾云形玉珮、玉猪龙、玉三孔器、鸮形玉珮、马蹄形玉器等红山文化的各种

典型器，基本反映了红山文化玉器的风格和面貌。

天津博物馆收藏的红山文化黄玉猪龙，高 14.1 厘米，作猪首龙身形，体格威武雄壮，气势咄咄逼人。类似器物在内蒙古巴林右旗那斯台，辽宁阜新胡头沟、建平牛河梁等遗址均有出土。玉猪龙或许是红山文化先民做祈雨祭祀时所敬奉的神玉，它是红山人图腾艺术的表现形式之一，也是图腾崇拜观念的一个反映。

馆藏红山文化勾云形玉珮，器宽 16.5 厘米，器体作片状，中心处作卷角勾云状镂空，正面随器形磨出宽浅凹槽。在迄今所见原始社会各考古学文化中，通体磨有沟槽，是唯红山文化玉器所独有的工艺，且几乎成为红山文化各式勾云形玉珮的共同特点。在片状玉器上磨出凹槽，使平面作品产生波浪式的起伏感，并随光线的变化而时隐时现，从而让人感受到动势的韵律。这种独特的效果使流利、柔情的线条与莹润、柔美的玉质达到了最佳结合，体现了玉匠们的高超技艺和过人才智。勾云形玉珮属于真实与虚构的融合型形象，红山人模拟卷云状制成的勾云形玉珮，应该是作为特殊的玉器来进行供奉的。类似勾云形玉珮出土时放在墓主人胸前，也进一步佐证了该器的重要象征意义。

距今 4000-5000 年的良渚文化玉器，因在浙江省余杭县良渚遗址首次发现而得名，是长江下游及太湖流域重要的古玉文化。良渚文化玉器品种很多，具有代表性者当属玉琮（图二）、玉璧、玉钺及玉冠形饰。

天津博物馆藏良渚文化玉琮，高 4.2 厘米，青玉，多褐色沁，四角各琢一兽面，古朴厚重。良渚玉琮表面多有精美的浮雕纹饰，主要有人面纹、兽面纹、鸟纹及云雷纹，这些纹饰的文化内涵应该与该文化的宗教、神话及巫术有关。

龙山文化最早发现于山东省日照市两城镇，是新石器时代晚期重要的考古学文化遗址，它包含山东龙山文化、河南龙

山文化和陕西龙山文化,其中以山东龙山文化发现的玉器最多,玉质生产工具和装饰品是其代表性器物。

天津博物馆馆藏的龙山文化鹰攫人面玉珮,高仅6.9厘米,以镂空技法雕琢雄鹰展翅,爪攫人面,其下连接一兽面。工匠以鹰、人面、兽面几个元素,将寓意深刻的内涵高度概括,充分体现了殷商艺人高超的技艺。山东龙山文化的鸟纹玉器中,多以鹰纹为主。在古时,从东北地区经燕山南到山东直达江浙一带,均属东夷族所居地,都是鸟崇拜族群。这些部族中有少昊一支,鹰攫人面珮可能就是少昊人的图腾崇拜物。此珮的鹰爪抓的人头可能代表的是少昊人进行祭祀所杀掉的牺牲品。此玉珮应是少昊人以鹰的矫健凶猛之力来降服敌族,并标榜战绩的反映。

二

商代玉器无论是礼仪用玉还是装饰用玉,都带有浓重的"尊神"、"事神"意味,故表达出浑重深沉、庄严奇美的气势与神采。

殷墟妇好墓在商代考古史上,是唯一一座能确定年代和墓主身份的王室墓。该墓出土的755件玉器是商代最高水平的代表。我馆所藏商代凤形玉珮、龙形玉玦,质地莹润,雕刻精细,其精美程度堪比妇好墓所出最精者。如馆藏商代晚期凤形玉珮,高冠,冠边缘出脊齿,身以阴线双勾法刻勾云纹,造型优美,雕琢精致,为这一题材的佳品。龙形玉玦,直径4.6厘米,厚0.6厘米,灰青色玉质,器表面涂有朱砂。龙张口露齿,"臣"字形眼,边缘出脊齿。纹饰完全用阴线刻双勾技法,刀法刚劲,属商晚期的玉龙精品之作。商代玉器表面涂有朱砂者,说明其原是商王或贵族所享用。玉玦在古代玉器史中是一个庞大的系统,商代玉玦同红山文化玉玦在形式上有明显继承关系。

出土和传世品中的商代动物型玉雕,种类繁多,造型丰富,形象朴拙生动。馆藏绿松石蛙,堪称商代玉器艺术的杰

图一　新石器时代兴隆洼文化玉玦

图二　新石器时代良渚文化玉琮

作。玉匠结合自己对生活现象的细微观察，利用接近青蛙肤色的天然松石，巧琢而成，作品栩栩如生。由此我们可以看到，商代玉匠十分注重色彩之美，善于利用材料本身天然的颜色进行创作，以达到仿真的效果。

在西周，玉器仍然是理性化、象征化的神物和道德观念的载体，或已成为维系宗族权、等级权及祭祀权的工具之一。

大型组玉珮为西周首创，它是由多件玉器串连组成，其使用有严格的制度，使用范围仅限于公、侯等诸侯国国君及其夫人或有相应封号的贵族。多璜的组玉珮，是国君与高级贵族区别贵贱、等级的标志之一（图三）。西周时期的玉管形饰出土很多，且大多数做为玉组珮中的组件使用。天津博物馆所藏西周龙纹虺纹玉管、西周白玉双凤纹珮，即为组玉珮饰件。其中龙纹虺纹管形玉饰，高 5.7 厘米，玉质洁白，温润无瑕，刀工极精。器形呈扁圆柱体，管面饰一条螺旋式行龙，龙身饰卷云纹、鳞纹，管面还另有一条虺纹，尖嘴，如小蛇。《诗·小雅·斯干》说："维虺维蛇，女子之祥"，或许这件玉器是贵族妇女的佩玉。

春秋是一个承上启下的时期，传统与变革之间的过渡同样体现在玉文化中。馆藏玉器中蟠龙纹玉柄形饰、云纹龙首纹玉璜，其纹饰结构，均繁密细微中不乏刚劲与恢弘，充分展示了当时人们矛盾、挣扎、探索、创新的审美心理。

战国是新思想和新文化极其活跃和兴盛的时期。佩玉在战国被赋予人格化的理性观和道德观，人们借玉的温润雅洁比附君子的高尚品德。在形式创作上，战国玉器讲求造型美和纹饰美，即在完整的造型中融入了装饰性，使均衡的造型有了变化，突破了以往肃穆单调的格局，开创了装饰美的新风尚。龙凤瑞兽去掉了威严之像，变得生动优美。如馆藏镂雕双龙双螭纹玉珮，以双龙双螭对称分布为主体纹饰，工艺细腻，将龙螭相互交错盘绕、玲珑剔透的优美造型展现无遗。

长沙马王堆西汉墓出土的帛画《导引图》绘有 44 幅图像，每图均绘有一个运动姿态各异的人物图形，该图是我国现存最早的气功导引图谱。而在历史文物中，时代最早谈到行气者，则是天津博物馆所珍藏的战国"行气"铭玉杖首。此玉曾收于罗振玉的《三代吉金文存》中。该器呈 12 面棱筒状，器表阴刻篆体铭文，迄今有不少学者对这些文字进行了解释。郭沫若先生释为："行气，深则蓄，蓄则伸，伸则下，下则定，定则固，固则萌，萌则长，长则退，退则天。天几春在上，地几春在下。顺则生，逆则死。"这篇铭文，从它的结构来看，可以分为两节，上节十句，下节四句。上节说的是吸气与呼气的过程，是呼吸的一个回合。下节四句两两相对，前两句实际说的是吸气与呼气的要点。后两句说的是行气顺逆不能颠倒，因关乎生死之别。这是我国古代关于气功修炼养生的最早记录，有极高的科学研究价值和文字学价值。据器物外部光泽晶莹，中空部顶端不透，而且内壁异常粗糙的情况推断其用途，应当是套在圆柱状物体上的。据帛画《导引图》中两幅以杖行气图推知，这个圆柱状物体当为专用手杖之类，而此器则应是杖首的玉饰。该器不仅制作工艺精湛，而且篆书文字俊秀挺健，文体优美流畅，在古玉文中堪称佳作。

三

崇尚道家思想、浪漫与神话相融和是汉代艺术的一种特征，将神学观念融入现世形成天人同构意念，是汉代艺术的一种表现形式。玉琀是指含在古代死者口中的小型玉石器，属葬玉。据考古资料所知，这种习俗在新石器时代晚期就已经出现。那时，口中的琀玉，一般是不大的玉片，光素无纹。考古所见，风格简朴，刀法明快，琢磨精美的蝉形玉琀在各地汉墓中也均有出土，传世品也常见之。究其原因，当是道家思想在汉代流行的表现，汉人希望借用蝉蜕再生的现象，而获得生命的再生。天津博物馆藏青玉蝉，是少见的汉代玉琀精品。此蝉以细阴线刻出翅脉纹及足纹，线条虽细若发丝，但利落准确，形象逼真。此蝉无钻孔，当是做为专用的玉琀。

在中国传统文化中，羽人即飞仙，能长生不死，这是中国古代"生时长生，死后生仙"的人生观、生死观的体现。在汉代，这种观念不仅反映在社会的精神文化之中，而且广泛地在各种物质文化中也有生动的表现。玉仙人天马（图四），器呈仙人骑奔马状。玉人身穿羽翅短衣，神态威严倨傲，马昂首挺胸，作奔腾嘶鸣状。马身用阴线琢出飞翼，马足遒劲有力地踏在刻有云纹的长方形托板上，呈现出奔马凌云遨游太空的神姿，极富中国古典艺术的浪漫主义风韵，具有很高的美学价值和时代文化价值。馆藏汉羽人纹螭纹玉珮，与仙人天马具有类似的文化内涵。玉人头发向后飘逸，肩生羽翼，拱手持物跪拜螭前，器左右边各雕飞动舒展的凤纹和螭纹。汉代玉器中雕有羽人形象者极为少见，至可宝贵，对于我们研究汉代的道教文化与社会习俗有重要意义。

玉璧是中国古代玉器的基本器形之一，它是出现最早、使用时间最长的装饰玉和礼仪用器。天津博物馆所藏蒲纹兽面纹玉璧，直径25.3厘米。青绿色玉质，双面均刻有蒲纹、兽面纹。汉代人用蒲纹玉璧祭祀，犹如用谷纹玉璧，目的是祈祷天神赐祥，保佑农桑生产丰收；以兽面（饕餮）纹玉璧祭天，是为祈望通过它的威力，使社会获得平和安宁。在汉代，大型玉璧除用做祀神的礼器外，有时还做殓尸的葬玉。新石器时代良渚文化即以玉殓葬，汉代这种现象更为普遍，这是汉代"事死如生"丧葬观的产物。

熊、虎造型的艺术品，特别是玉器，商、周、汉都有，尤以汉代的精品最多。汉代很多器物的底足多作熊形，或站立，或托举，被称"熊足"。《淮南子·兵略训》说"虎豹便捷，熊罴多力。"《诗·小雅·斯干》有"维熊维罴，男子之祥。"玉虎在古代，是祭祀西方的礼器，具有虎神之尊。周官有"虎士"，

图三 西周组玉珮

图四 汉代玉仙人天马

王出行护其左右，还有"虎臣"，属捍御勇武之官。所以熊虎形象作品的创作，便是力量与威武、阳刚与速度的表征。天津博物馆藏汉熊虎纹玉饰板，从玉质、刻工、纹饰及表现力等方面看，均可称为这类题材的佳作。此玉板阴线刻兼浅浮雕熊虎相斗纹：体魄雄健、气势凶猛的老虎集全身之力向熊扑去，而肥壮的站熊则张口嘘吼，舞动四肢，准备应战，两者夸张奔放的运动节奏使整个画面充满了雄兽搏斗时的磅礴之势，其艺术感染力正如李泽厚先生在《美的历程》（文物出版社，1981年）中对汉代艺术评价的那样："一往无前不可阻挡的气势、运动和力量，构成汉代艺术的美学风格。"

魏晋南北朝时期，玄学、佛学的盛行，引发和促进了社会审美意识步入一个新的历史阶段，清远、虚静、风骨是当时艺术追求的风格和灵魂。魏晋雕刻艺术以其不朽的成就在中国美术史上占据重要一席。此时玉石神兽造型十分丰富，形体上都很健壮，昂首挺胸，或静卧，或站立，气势卓而不凡。馆藏魏晋玉卧兽，肉丰骨劲，以形传神，超然世外，是魏晋时期极为少见的玉雕艺术珍品。

四

盛唐时期，经济繁荣，国泰民安，中外文化交流频繁，艺术发展达到鼎盛时期。唐代玉器艺术的内容、形式均以其精致独特而有别于其他时代玉器。

唐代的装饰玉，丰富多彩，别开生面。由于当时人们的思想观念与审美意识的改变，一改过去那种神话瑞兽、几何饰纹为主的旧格式，转向崇尚自然的艺术追求，开始出现花卉形造型，开创了古代玉器品类的新天地，馆藏莲花形玉环就是这种艺术审美的佳作。环呈束腰形状，雕成形似莲花的轮廓，琢磨简约精细。唐代玉环多以光素无纹圆形者居多，花朵式造型的玉环极为少见，其白玉莲花形玉环是莲花简化的

艺术形式也是佛教文化在当时流行的体现。

玉飞天，是唐代玉雕的新品种，唐代玉飞天一般体态丰腴，上体袒裸，下身着紧贴于腿股的长裙，身下还有几条细长的透雕云纹或卷草纹。姿态轻盈曼妙，气韵清纯。佛教神像中的乾闼婆与紧那罗，即天歌神与天乐神，为飞天形象的原型，因为飞天在佛教中被描绘成专采百花香露，能乐善舞，并向人间散花放香、造福于人类的神仙，所以备受人们的喜爱。馆藏唐代玉飞天，高2.9、宽3.6厘米，阴刻兼镂雕侧视凌空的飞天形象，其头戴莲瓣形帽，面颊丰润，长裙飘带，体态轻盈如轻歌曼舞般遨游于流云飘动的天际。

玉带板是唐代玉器中极富特色的品种。唐代玉带板常采用减地、镂雕与圆雕技法，细部大量使用繁密的阴刻线表现轮廓、装饰、阴阳凹凸面等，以突出主体纹饰，增强立体效果。玉带板琢刻的纹饰多以番人、胡人形象为主，他们载歌载舞，吹拉弹奏各种乐器，场面和谐欢快，反映了唐朝与西域一带文化艺术交往的频繁，再现了当年大唐霓裳羽衣、歌舞升平的繁盛景象。馆藏唐代伎乐人玉带板，正面浅浮雕盘坐式击鼓人物，以阴线表现细部，刻画了欢快的乐人形象。馆藏龙纹玉带板，堪称是唐代博大、豪放的时代风格的彰显，奔腾的巨龙，盆口大张，狂舞身躯，其气势犹如翻江倒海，气吞山河，为其他任何时代所不及。

宋代，士大夫集团担当了政治精英，因而整个社会的艺术风格与唐代的豪放、张扬、凸显个性不同，更多追求的是清尚、自然、内敛。在玉器制作上则比较讲求细腻纯真、意境深邃的文人格调，充满高雅闲适的情趣。馆藏宋代道人读书玉带板、宋代鹅形玉盒，无论刻画的是人物还是动物，都体现出自然恬静的含蓄之美。

玉雕童子是宋玉崇尚自然，追求"不事雕琢，天然成趣"的审美意境的又一种题材。两宋时期，玉雕童子非常盛行，

造型丰富，生动写实，他们有的持莲，有的嬉戏，天真烂漫，生动活泼。馆藏宋代玉持莲童子，厚片状，童子发丝刻划疏密整齐，双眼用短阴线琢刻表现，直鼻小口，耳贴脸颊部，手持莲花，上身着米字纹坎肩，下身穿格纹肥筒裤，其形态显示出民间清新的生活气息和独特的时代风貌，充满了世俗生活的欢乐情趣。

契丹和女真，先后建立了辽国和金国，他们逐水草而居，都以狩猎、放牧为主要经济活动，因而创作出特有的以鹘捕鹅为主题纹饰的"春水玉"和以虎鹿山林为主题纹饰的"秋山玉"，雕琢精致，构图巧妙，内容充满了耐人回味的山林野趣，淳朴自然，意境幽远，真实反映了契丹、女真两个民族的游牧射猎生活。馆藏辽金双鹿柞树纹玉饰，以巧作雕成，金黄茂盛的柞树林前，两只闲逸的小鹿，对视双眸，犹似窃窃私语，静谧中蕴含着浓浓的情意。此器从设计构图上将鹿和柞树刻画得很近，树叶很夸张，有别于同样题材作品的远景效果，观之如置身其中，凸显了秋光之美，这也是艺术品设计制作者的与众不同之处。

图五　元代渎山大玉海

元代玉器吸收了宋、金以来高超的镂雕、浮雕技艺，器物上的纹饰以花鸟、山水、龙凤、瑞兽、蟠螭为主，其海兽题材的玉器也别有特色和意韵。如元世祖忽必烈入主中原后，为大宴群臣犒赏将士而制的酒瓮渎山大玉海，腹部浮雕汹涌的海流波涛，其间沉浮着海马、海龙、海猪、海鹿、海兽等动物，刀工粗放强劲，气势浑厚浩大，展现了草原民族豪放不羁的性情和锐不可挡的气势，以及草原文化的粗犷之美（图五）。馆藏元代翼龙纹双耳玉壶和龙纹圆形玉饰，龙的刻画遒劲有力，霸气十足，其审美风格与渎山大玉海有着异曲同工之妙。

五

明代皇室贵族推崇金玉结合工艺，另外，受元明以来文

图六　明万历时期金盖金托玉碗

人画风影响，表现自然景物、流露文人思想及情趣内容的玉雕作品也大受青睐。明定陵万历皇帝陵出土的玉器，普遍使用嵌金镶玉或宝石工艺，如金托玉爵、金托金盖玉碗，雍容华美、熠熠生辉，充分体现了皇权的神圣崇高和皇家用玉的审美风范（图六）。

玉杯、玉壶造型在明时繁复多样，其上纹饰多以花鸟、山水、人物为题，有的还配以诗文，以景应情，清幽闲雅，彰显了文人追求诗情画意的意境之美。馆藏明代松鹤人物耳玉杯，外腹一侧刻行书五言律诗一首。杯身及双耳雕松鹤、老人、童子，双耳采用镂雕工艺。松鹤是明清喜用的装饰纹样之一，以松树和仙鹤为形象表现"松鹤延年"主题，亦是明清非常流行的艺术题材。

清代制玉在继承明代玉器基础上，有极大的发展和创新，特别是乾隆时期，玉器琢制已成鼎盛之势，题材丰富，做工精湛，尤以宫廷作品最为优异，审美上亦追逐细腻华贵、精美气派，表现出封建社会后期玉器成果的最后辉煌。

馆藏九螭纹玉璧，直径 20 厘米，玉质温润，璧体厚重，璧两面高浮雕九只形态各异的螭纹。如此大型螭纹玉璧，极为少见，应属宫廷作品，其堪称清代礼仪玉器中的绝妙之作。馆藏乾隆款凤纹螭纹玉瓶，系选用优质新疆和田白玉精雕而成，纹饰华丽繁缛，造型端庄大方，底阴刻"乾隆年制"篆书款，刻款字体端正文秀，体现了乾隆时期宫廷玉器精雕细琢、追求完美的艺术特点。清代玉工往往运用人物、走兽、花鸟、器形等形象和一些吉祥文字等图案造型，或以民间谚语、吉语及神话故事内容为题材，创作成富有吉祥寓意的艺术作品，来反映人们对美好生活的追求和向往。馆藏以优质新疆和田籽玉精心雕琢的白玉三羊即是这种吉祥玉器之代表。三羊相依而卧，两只小羊甜蜜地依偎在大羊母亲的怀抱中，神态平和自然，温顺憨厚。"羊"、"阳"谐音，"三羊"寓吉语"三阳开泰"之意。

乾隆时期，有着伊斯兰风格的痕都斯坦玉器入贡宫廷，其特点是胎壁莹薄，有些在器壁上还镶嵌金、银细丝及红、黄、蓝、绿等各色宝石或玻璃，纹饰装饰多为植物花叶形。现藏天津博物馆的蕃莲纹玉执壶，可能就是当时西域流入清宫的遗物。执壶高 18 厘米，盖浅浮雕莲瓣纹，花蕾纹曲柄，三角形尖流，壶周身浅浮雕蕃莲纹。胎薄近半透明，纹饰华丽，工艺精巧，具有浓郁的异国情调。

玉山，故名思义，即用玉石采取圆雕技法，雕刻出的以山峦为主体造型的陈设观赏品。玉山又称"山子"，本于古代园林内的假山。清乾隆年间，随着玉料的来源充足和雕刻技术的娴熟，制玉工艺空前繁盛，出现了许多大型圆雕作品。海内外著名的玉山，有北京故宫博物院珍藏的"大禹治水图玉山"和"会昌九老图玉山"等。它们均形体硕大，纹饰繁复，内涵丰富，皆属国宝级玉品。而天津博物馆所藏玉山，亦种类很多，精品荟萃。玉观潮山子，高 10.4 厘米，材质为白色新疆和田玉，作品因材施艺，顺势随形，以浮雕技法表现了浙江杭州湾钱塘江潮的壮丽景观：白云悬日，磅礴的江水，从远方奔腾而来，波涛汹涌中细浪翻卷。岸边松树下，五位身穿曳地长衫的老者迎潮而立，忘情地欣赏着这一自然奇观，其强烈的艺术感染力体现了乾隆时期玉山雕琢技艺的高超水平。

可以说，8000 年悠久历史孕育的的中国玉文化，承载了中华民族深邃厚重的历史人文内涵，充分体现了炎黄子孙丰富的艺术创造力和聪明才智，反映出了不同意识形态下人们的审美观念。中国玉文化的深厚、璀璨，由天津博物馆藏玉我们可以窥其一斑，人们从中同样可以认识、感受到中国玉文化的人文精神、历史内涵和艺术风韵。

中国古代玉器，魅力独具。

图版

001 | 玉刀　新石器时代

长36.4、宽8厘米

墨色，温泽通润。上部单面钻三孔，双面刀刃，无使用痕迹。玉刀造型和陕西神木石峁龙山文化遗址出土的墨玉刀相似。新石器时代玉刀的造型均源于石刀，但此时有的玉刀已不属实用工具或兵器，而变为象征部族首领权力的仪仗用器。

002 | 玉鸮　新石器时代红山文化（右页图）

高5.7、宽5.2厘米

黄绿色，玉质温润。圆雕正视展翅立鸮，头部圆浑，两眼凸出，钩形嘴，耸肩，翅膀浅阳线雕羽毛纹，双足下部阴线刻斜方格纹，背面颈部有两对对钻孔，应作佩戴之用。造型概括，刀法遒劲，具有典型的红山文化玉器风格。

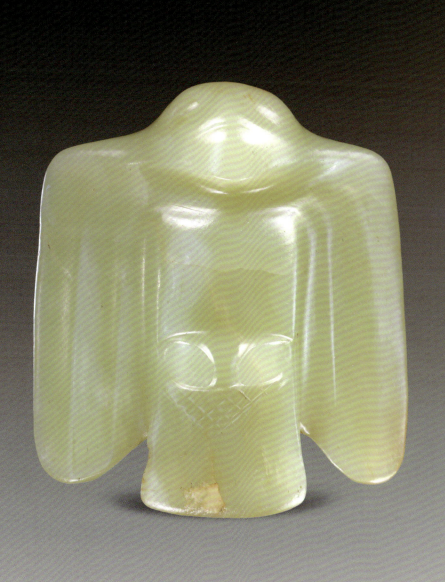

003 | **勾云形玉珮　新石器时代红山文化** (左页图)

高9.8、宽16厘米

葵黄色，片雕。器边缘呈双面刃状，表面随器形磨出宽凹槽，
槽底刻单阴线。上端中部单面钻一孔。形制简括，风格古朴。

004 | **勾云形玉珮　新石器时代红山文化**

高9.5、宽10.5厘米

青绿色，局部有褐色沁。器体作片状，中心处作卷角勾云
状镂空，正反面随器形磨出宽浅凹槽，通体边缘磨成钝刃，
器上端对穿两圆孔，具有明显的红山文化玉器风格。

高5.4、宽16.5厘米

青绿色，边缘带褐色沁。器体呈长方状，片雕，
双面纹饰，边缘磨薄，整体均饰瓦沟纹。上部中
间钻一圆孔，中部镂空雕对称的两个勾云形孔以
示眉眼，下部磨制七对兽齿，四角各琢一朵不规
则勾云，雕琢工艺技法具红山文化玉器典型特征。
整体造型独特，与同时期的勾云形珮差别较大，
应列入兽面形珮系统，推测表现的应是猪龙的头
部形象，而绝非一般兽面，或许是原始宗教图腾
崇拜和祭祀的神器。器形极为珍罕，所见牛河梁
遗址出土过一件与其相似度极高的兽面形珮。

006 | 兽面纹玉珮 新石器时代红山文化
高12.5、宽4.1厘米

青绿色，局部带黄色沁。片状，器身中间稍厚，
边缘呈薄刃，双面纹饰相似。上部琢两尖耳外凸，
阴刻双圆圈眼，下面琢一扁嘴且嘴角凸出体外。
器身琢平行的数道弦纹，末端琢一对穿孔。辽宁
省博物馆藏有一件与其造型极为相似的器物。此
种造型与纹饰似为圆雕玉猪龙的正面像。

007 玉猪龙　新石器时代红山文化（左页图）

高14.1、宽10.4厘米

黄绿色，玉质温润。体型肥硕，头部竖立大耳，大圆眼，鼻梁有多道皱纹，嘴部紧闭前凸，与尾相对，头尾间留有缺口，颈部有一对钻孔。器体磨光匀润，刻线流畅，工艺精美，与辽宁建平牛河梁等遗址出土的玉猪龙风格相似。

008 玉猪龙　新石器时代红山文化

高14、宽9.5厘米

青绿色，表面有褐色沁。器形硕大，呈猪首龙身形，头尾相接处未切断。头部有圆弧形双立耳，利用阴刻线雕琢圆目、唇、鼻，唇部稍显凸出，颈部有两个穿孔，神韵古朴，颇具红山文化玉器特征。

009 | **玉猪龙　新石器时代红山文化**

高7.5、宽3厘米

墨绿色，一面有褐色沁，背面有较大面积黑色沁。头似猪首，圆眼，大耳，鼻翼和唇部以数道阴线表现，唇部前凸，颈部有一个小圆孔，尖状形的龙尾部曲卷在猪首的下端。此呈卷钩状玉猪龙，为红山文化玉器的主要类型。

010 | **玉猪龙首　新石器时代红山文化**(右页图)

高3.5、宽4.5厘米

淡绿色。肥首大耳，两眼由对穿孔代替，面部有多道阴刻线，吻部前伸，鼻端有两个窝状鼻孔，短颈，颈下有榫。造型与红山文化玉猪龙风格相似，应属红山文化遗物。

O11 | 玉兽　新石器时代红山文化

高4.3、宽2.2厘米

淡黄色，背面带有褐红色沁斑。器形呈葫芦
状，圆雕，上小下大。上半部是兽头，头顶
两只立耳，下面浅浮雕圆形双眼和凸起的吻
部；下半部兽身，圆腹，腹下有一圆底，似尾。
头与身中间连接处侧穿一圆孔，应为佩戴之
用。造型简练概括，雕琢技法及风格具红山
文化玉器特点。

012 | 马蹄形玉器　新石器时代红山文化

高9、上口径9.4、下口径7.1厘米

青色，带灰色土沁。器形呈扁圆柱状，中通。上端作斜向切口，边缘有半个弧形穿孔，应是制作时留下的加工痕迹，口缘磨出刃，下端平齐。此类器物在红山文化遗存中出土数件，有出于墓主头部，亦有出于墓主胸部的，其功用学术界说法不一，待考。

013 | 玉琮　新石器时代良渚文化

高4.2、宽7.3厘米

青色，多褐色沁。器内圆外方，四角各
琢一兽面，古朴厚重，是一件典型的良
渚文化玉器。良渚文化是长江下游及太
湖流域重要的史前文化。古人认为，天
是圆的，地是方的，要用一块玉来表达
"天圆地方"的观念，只能用又圆又方
的形式。那么、玉琮内圆外方，以圆代
表天，以方代表地，也就成为专门祭祀
天地神祇的法器了。

014 | 玉璧　新石器时代

直径28厘米

青绿色，多褐色沁。璧周不正，厚薄不均，
中孔由一面钻而成，器面和边缘有直线
锯痕。此璧简洁古拙，呈现出新石器
时代玉器的风格。

015 | **鹰攫人面纹玉珮　新石器时代龙山文化**

高6.9、宽4.7厘米

青玉，正面阳线雕兼镂雕正视展翅立鹰，爪下人面之下连一兽面，用浅浮雕琢制而成。在文献记载和神话传说中，山东龙山文化应属鸟崇拜的氏族部落，此玉饰，有可能是山东龙山文化先民期待借鹰的凶猛矫健之力，来降服敌族的象征物。

016 | **鹰纹兽面纹玉圭　新石器时代龙山文化**

长25.2、宽6.2厘米

黄褐色。上部梯形，阴线刻法。一面为展翅立鹰，一面有兽面纹，中下部对钻一孔，其上有两组直线纹，线条均匀细流动，工艺精湛。此玉圭的兽面纹，与山东日照两城镇出土的龙山文化玉圭纹饰相似。

017 璇玑形玉珮　新石器时代龙山文化

直径4、厚0.3厘米

白色，局部有褐色沁，温润细腻。片状，作不规
则圆形。外缘分布三个指向一致的齿形，中心琢
一较大圆孔，孔缘打磨一豁口，应为佩戴悬挂之
用。此器形是自新石器时代至商、西周和春秋时
期均存在的一种玉器器形。

018 凤鸟形玉珮　新石器时代石家河文化

长7.2、宽2.7、厚0.5厘米

淡青色，有灰褐色瑕斑。片状呈弯弧形，剖面扁圆。
上部雕一凤首，冠羽上扬，长钩喙，减地磨出圆眼。
凤冠、颈羽及钩喙部随形以减地技法琢成阳线，阳
线一端呈弯钩状。颈部琢四道阳纹，下部弯曲，意
为简化的鸟身，底端一不规则孔，两面纹饰相同。

019 | **虎首形玉珠　新石器时代石家河文化**

高2.2、宽2.9厘米

白玉，多黄褐色沁。横置圆桶形，桶壁平滑。外弧
一面浅浮雕一虎首，高额，短脸，卷叶形耳，中心
钻一圆穴，阔鼻，减地阳雕眉纹，菱形眼眶，圆睛，
鼻下部镂空一长方形孔为嘴，外弧的另一面系简化
的虎身，雕工纯熟圆润。

020 | 虎形玉璜　新石器时代

长10.7、宽1.3厘米

青灰色，有墨褐色絮斑，质地温润。虎
体细长弯曲成璜状，立耳，线刻半圆眼，
张口露齿，四肢半卧似欲跃状，尾穿一孔。
此器头部刻画生动传神，具有很高的艺
术水平，堪称新石器时代玉器精品。

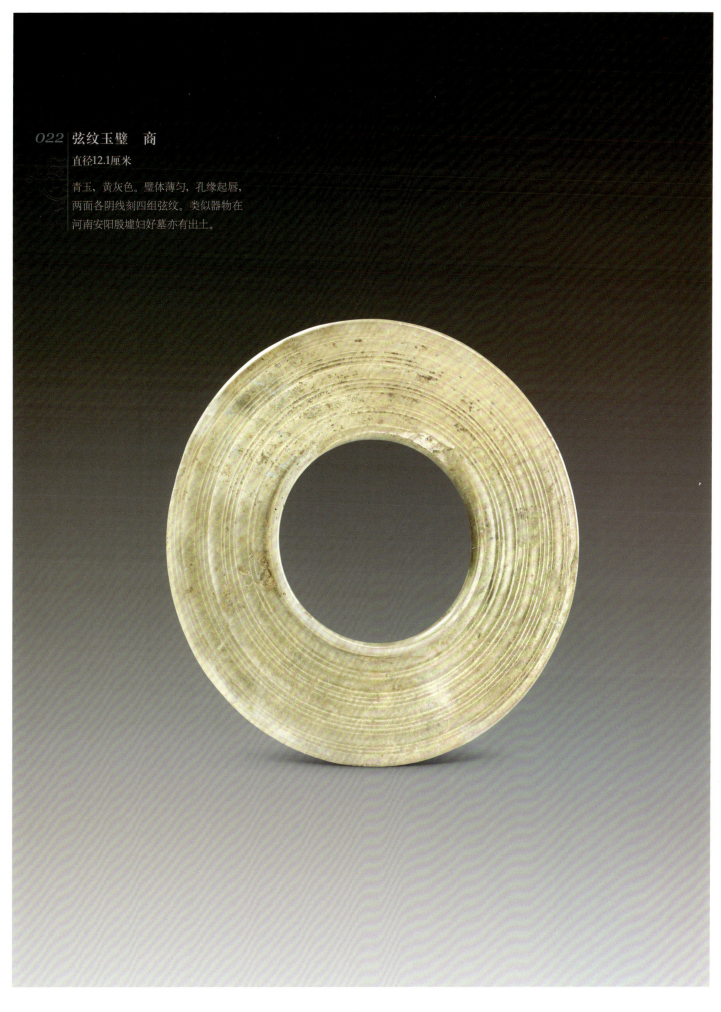

O22 弦纹玉璧 商

直径12.1厘米

青玉，黄灰色。璧体薄匀，孔缘起唇，
两面各阴线刻四组弦纹。类似器物在
河南安阳殷墟妇好墓亦有出土。

023 直线纹玉圭　商

长15.5、宽3.5厘米

青灰色，表面大部已蚀化，土沁严重。器呈扁平长条形，上宽下窄。下端平，中下部穿一孔，上端圆弧并磨出厚刃。器身饰阴刻直线纹，采用双勾法将阴刻直线两两一对组成三组直线纹，两边缘另各有一条单阴直线纹。河南安阳殷墟妇好墓亦出土过此类玉圭。

024 凤形玉珮　商（右页图）

长10.2、宽4.4厘米

黄褐色，纯洁莹润。方形冠，阴刻长羽纹，浅浮雕圆眼，喙略外翘，并对穿一孔，线条粗细兼施，刀法刚劲。此珮的造型及雕琢风格，与河南安阳殷墟妇好墓出土的玉鹦鹉有异曲同工之妙。

025 | 凤形玉珮　商

高8.4、宽3.6厘米

白玉。侧身形，高冠羽，其边缘出脊齿，
圆眼，尖喙下弯成钩状，身上有阴线双
勾云纹，短翅，长丰尾，立爪，雕琢精美。

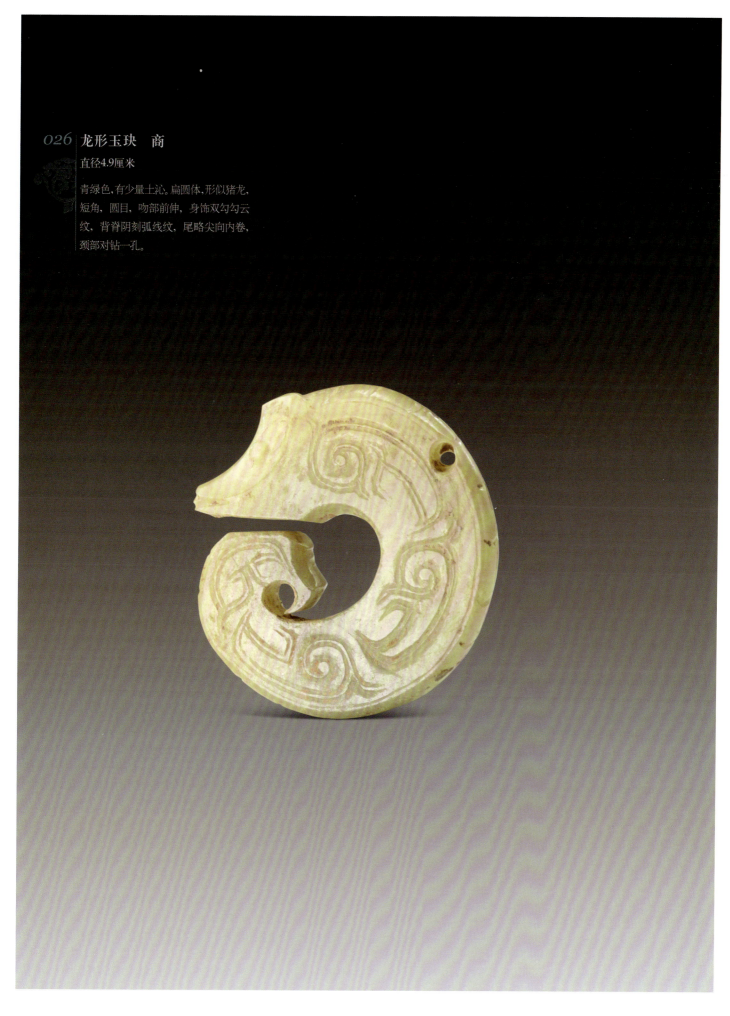

026 **龙形玉玦　商**

直径4.9厘米

青绿色,有少量土沁。扁圆体,形似猪龙、
短角、圆目、吻部前伸, 身饰双勾勾云
纹, 背脊阴刻弧线纹, 尾略尖向内卷,
颈部对钻一孔。

027 龙形玉玦　商 (左页图)

直径4.2厘米

青白色。浮雕，圆形，一侧有一缺口。两面均饰相同龙纹，首尾相接，张口露齿，方形目，独角后伏，背脊雕出扉棱，尾尖外卷，角下方琢一孔。龙身采用"双勾挤阳"技法雕琢勾云纹，纹饰刻划精细娴熟，线条舒展朗逸。殷墟妇好墓中出土过此造型玉器数件，具有重要的历史研究价值。

028 龙形玉玦　商

直径4.6、厚0.6厘米

灰青色，器表面有朱砂。上唇勾翘，张口露齿，"臣"字眼形，角紧贴颈项，边缘出脊齿。纹饰完全用阴线刻双勾技法，刀法刚劲，属商晚期的玉龙精品。商代玉器表面常有涂朱砂者，说明原是商王或贵族所享用。

鹰形玉饰　商

高8.7、宽1.7厘米

白色,局部有黄色沁斑。圆雕,呈圆锥状。
鹰首部利用简单的三道阴线刻画眼部、
弯喙,翅膀用五条浅浮雕的弧线表示,
中部有一凸起的横穿孔,应起佩挂之
用。整体纹饰简洁明快、线条硬朗流畅,
是商代玉雕的精品。

蝉纹管形玉饰　商

高8、宽2.3厘米

灰白色。柱状，一端稍宽，浅浮雕四只
蝉纹，其上部有三周凸显的方格纹，对
穿孔。

蜥蜴形玉觿 商（左页图）

长10.5、宽3厘米

青玉。蜥蜴片状，呈匍伏形，浅浮雕小
圆眼，四肢伸开，长尾前宽而后端尖。
玉匠根据原玉材的大小，运用简括和
夸张的技法，凸显了商代动物型玉雕
造型的特点。

O32 **龙首纹玉觿 商**

长7.1、宽4.1厘米

青玉，受沁为浅黄色。龙首形呈觿状，
抿角，觿中部刻三角纹，下部呈双面刃
状。此器系采用商代典型的"双阴挤
阳"（双勾阴线中间起阳线）的刀法琢刻，
龙首上对钻一孔，可挂佩之用。玉觿
纹饰规整，线条遒劲，类似器形殷墟
妇好墓也有出土。

49

033 | 玉螳螂　商（左页图）

长9.7、宽2.2厘米

青色，厚片状，圆眼及前爪刻划凸出。身上刻勾云纹，且省去了双翅，尾部似觿状。这件玉螳螂，体形厚大，雕饰精美。

034 | 玉牛首　商

高3.8、宽4.2厘米

牙黄色，表面多处朱砂痕。片状、单面工，背面光素。正面雕琢一牛面，双牛角弯曲对称，上端尖状，额头饰两组对称的羽毛状纹，"臣"字形眼，方形鼻，唇部与底面间斜穿一孔。整体雕琢规整严谨，极具威厉。

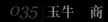

035 | 玉牛 商

高1.9、长4.4厘米

黄色，圆雕，作卧式，双耳平贴，"臣"
字形眼，中间穿孔，通身阴刻线纹。造
型概括，形象拙笨而传神，为传世玉雕
牛中鲜见。

玉兔　商

高3.2、长6.5厘米

灰黑色，多墨色斑点。厚片雕，眼睛圆睁，
长耳，尾短向上翘，前腿较长。玉匠
利用写实的技法，把兔子惊慌而欲奔
跑之动态和胆小的习性，表现得十分准
确。

037 玉貘　商

高2.1、宽5厘米

青玉，片雕。浅阴线刻圆眼及肢体，形似熊，耳鼻较长如象，尾部似马尾，古时称之为"象鼻犀目"。商代动物形雕刻的玉貘在出土与传世品中是极为罕见的。20世纪20—30年代，河南安阳殷墟妇好墓出土过貘的残骨，说明商代有貘生存。

038 玉衔兽卧虎　商（右页图）

长6.1、宽1.7厘米

纯白色，有浅褐色沁，温润光泽。卧虎宽耳，张口，菱形眼眶，圆眼，四肢粗壮，四足，尾盘于孔缘，尾端偏大，口衔一兽首，中央对钻通孔。兽首为尖耳，斜方眼。此件器物为商代和田玉最早进入中原的实物例证之一。

039 | 玉虎　商（左页图）

均高0.8、长7.9、宽0.7厘米

2件，淡绿色泛灰，部分蚀化。圆雕，长条形，虎作伏卧姿。头前伸，口微张，下唇部有一小圆孔，足部以小方榫示出。塌背，粗尾长曳，尾梢上卷成一圆孔。背及尾部阳雕人字形纹，腹部从头至尾有一纵向长细槽。商代虎形玉雕片状居多，圆雕且成对者少之又少，故此器很是珍贵。

040 | 玉象　商

高2.7、宽3.3厘米

灰白色，表面有褐色沁。象扁片状，鼻卷曲，身躯肥壮，肢粗如柱，全身光素无纹。匠师运用极为简括的刀法，突出了象的长卷鼻与体态特征，形象古朴拙重，憨态可掬。

041 **玉鱼　商**

长6.9、宽2.7厘米

色洁白无瑕，片雕。体呈弯状，口、目
及鱼鳍均以阴线刻划，尾部扁薄如刀。
玉鱼似有跃水面，瞬间的美姿，充满了
活力。从玉鱼造型可看出玉雕作者观
察生活的细腻入微。

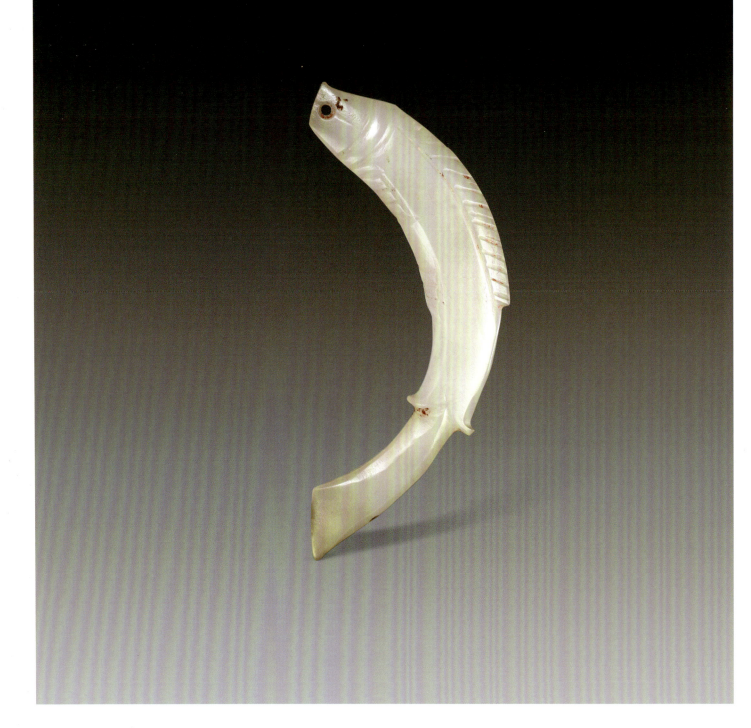

绿松石蛙　商

长3.8、宽2厘米

厚片状、卧式、圆眼，阴刻蛙纹，用松
石的天然颜色，表现出青蛙的肤色，可
称之为我国早期玉器中的俏色。青蛙
形象灵动，刻画逼真，在商代动物形玉
雕中尤显珍贵。

043 | 玉鳖　商

长9.6、宽4厘米

灰青色。鳖卧式,浮雕方眼,张嘴,四爪,
背呈脊形,鳖盖边缘一周饰短直阴线纹,
腹部凹弧线,口尾各对穿一孔。此器物
似用琮之一角改制,造型极为古朴简练,
对研究当时的制作工艺具有一定的参考
价值。

玉龟腹壳　商

长7.9、宽4.7厘米

灰白色，多有黄褐色沁斑。此器是用
玉石来模仿龟甲卜板雕琢而成，上部对
钻一孔，正面阴刻格状龟腹纹，下端
分尖叉。反面呈凹弧形，并有四个对
称式橄榄形穴，表示龟板在占卜前进行
钻灼的痕迹。殷商时期龟甲卜板常见，
而玉质龟腹板极为罕见，用玉雕琢龟板
应是希望占卜借助有灵性的神玉而变得
更加灵验，亦反映出商人对占卜的重视
程度。

045 | **涡纹玉饰　商**（左页图）

直径5.6厘米

青白色，有浅黄色沁斑，由精良籽玉雕
成。单面钻孔，由孔缘向外渐薄呈凸弧
形，正面阴线刻四个顺向勾云纹。璧与
勾云纹相合，恰似涡纹。背面粗糙无纹
且有切割痕。涡源于太阳，与云彩有关，
这种具有独立涡纹的玉饰在商代玉雕
中很少见。

046 | **鳞纹玉柄形器　商**

长14.3、宽1.7厘米

黄绿色，多褐色沁，有少量朱砂痕。
浮雕对称式五节鳞纹，中部穿一圆孔，
下端有榫，棱角犀利。整器造型精美，
做工精致。

047 "乙亥" 铭玉柄形器　商

长6.5、宽1.2厘米

器表呈鸡骨白色，光滑。一面阴刻铭文两行11字，"乙亥，王赐小臣腐 啇才（在）大室。"小臣，商王的近臣，腐（音不明）是小臣之名，啇（音商）是食物名，大室即宗庙中央的大室。铭文大意为：乙亥日，商王在大室将啇赏赐给近臣腐。铭文清晰，内容完整，商代有铭刻的玉柄形器极珍稀。

048 人面纹玉饰　商（右页图）

高3.9、宽1.5厘米

白色，纯净温润。片状较厚，弓曲形。正面阴刻人体，发髻高挽，细眉、长目，宽鼻，方口，以双阴线勾勒下肢，背面亦有简单花纹图案，下端有一圆穴。器形小巧精致，商代同类型器遗存较少。

049 甲子表残玉版　商 （左页图）

长7.4、宽3厘米

灰青色。正面阴刻双勾"庚"、"寅"、"辛"
三字，其中"庚"、"辛"两字泐伤。"庚"、
"寅"、"辛"应是"庚寅"、"辛卯"之缺。
字体清晰劲健，背面平素。此甲子表残
玉片采用大字双勾法，是国内仅见之作。
据古文字学家陈邦怀先生考证，甲子
表玉版原件为6片组成，每片文字两行，
每行20个字。此残片属第三片，文字
在第二行（详见陈邦怀：《商玉版甲子
表跋》，《文物》1978年2期）。此玉片
亦是古文字研究的珍贵资料。

050 玉璧　西周

直径31.6厘米

苍绿色，局部有黄褐色浸斑。表面光
素无纹。形体较大，圆形不规整且边
缘薄厚不均，保留了原始的开料切割痕
迹。玉璧古朴厚重，应是周代祭天的
礼器。

051 | 玉琮　西周 （左页图）

高4.3、宽6.7厘米

白玉，质地温润，多有黄褐色沁。呈扁方柱体，内圆外方，体薄空大。通体光素无纹，虽杂以沁色，但极富绚丽之美。西周白色玉琮少见。

052 | **双凤鸟纹玉珮　西周**

长6.9、宽6厘米

黑褐色，有多处沁斑。片状，近正方形。双面纹饰相同，运用阴线雕琢两只对称相背的凤鸟，合体视之为一兽面，设计巧妙，匠心独运。上部边缘一行琢六孔，下部边缘一行琢十孔，一凤眼旁穿一大孔。此器应是西周组玉珮之主要构件，上下两排钻孔为穿系丝绶所设，其对研究西周组玉珮的构成具有重要的参考价值。

053 **龙形玉觽　西周**

长7、厚0.5厘米

青色，带黑褐色沁斑。片状、双面雕琢。
龙眼呈"臣"字形、且两眼角出钩，鼻
上卷，嘴部对钻一穿孔，龙身运用"双
勾挤阳"兼"勾彻"技法刻划勾云纹及
龙爪纹，纹饰流畅，做工精湛。古人有
结绳记事之说，底部尖锐的觽用于解绳
扣，后来发展成男子佩觽即象征成年。

龙纹虺纹玉管　西周

高5.7、宽2.3厘米

白色，温润无瑕。器形呈扁圆柱体，
宽窄不一。管面饰一条螺旋式行龙，
眼角出钩形线，翘唇，龙身饰卷云纹、
鳞纹。另有一条虺（huǐ）纹，体短，
尖嘴，如小蛇。此器刀工精细、纹饰简
洁，可能为玉组珮中的组件。

055 人形玉珮　西周

长8.6、宽1.6厘米

淡白色，多褐色沁。片状、瘦长方形，
头戴高冠，面无五官，手臂处阴线刻龙
首纹，冠及肩各对钻一孔。人物纹饰简
单形象，是西周典型玉器。

鸟纹玉璇玑　西周

外径7.6厘米

黄绿色，质地纯净透润。璧薄，中央
有一圆孔，孔径较大，边缘锋锐，外
缘等距离附雕三只卧向一致的鸟。鸟
体肥硕，阴刻圆眼，钩喙，一足，尾丰满。
"璇玑"的定名、寓意、用途等尚需进
一步研究。

057 | 玉虎　西周

长5.8、宽1.8厘米

灰白色，有褐色及黑褐色沁。器为温顺可爱的幼虎形象，趴卧状，"臣"字形眼，方耳，体阴线刻虎皮纹，四肢粗壮前伸，尾挺直，端处微卷，下额对钻一孔。

058 | 蛙形玉玦　西周（右页图）

直径3.9、厚0.8厘米

黄色，带褐色沁斑。器状若圆饼，蛙双钩形眉，斜方眼，躯肢以重刀区分。背面无纹饰，两端各对钻一孔，中心一圆穴。

云纹龙首纹玉璜　春秋

高4.6、宽10.9厘米

青色，表面因埋藏年久而产生色变，局
部有黄褐色。器体扁平，似扇面形，中
间有一椭圆形璧。玉璜的两侧为龙首形，
两面饰浅浮雕勾云纹，纹饰密布。璜体
分成左、中、右三段区结构，这是东周
玉璜造型的特点之一。

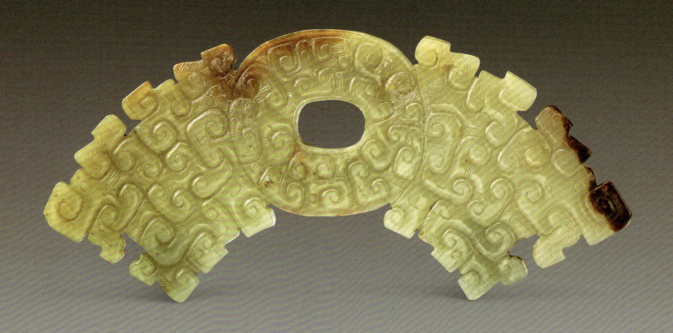

060 **蟠虺纹玉饰　春秋**

长6.1、宽1.7厘米

黄色，局部带褐色沁斑。长方片状。
双面阴刻蟠虺纹、丝束纹，四侧边刻
龙鳞纹，上端穿三通孔。整体纹饰雕
琢规整精细。

061 | **龙纹玉玦　春秋**

均直径3.1厘米

2件，青白色，温润光泽。扁平体，环状，一面阴线饰两组头向缺口的简化龙首纹，另一面无纹。碾琢精细，为春秋时期同类玉玦的佳品。

062 | **云龙纹玉玦　春秋**（右页图）

高2.5、直径2.2厘米

灰白色，有少量土痕和朱砂痕。柱体，一侧有缺口。通体浅浮雕及阴刻云纹、龙首纹，纹饰疏朗，属春秋早中期装饰特征。

云龙纹玉玦　春秋

高3.4、直径1.8厘米

黄褐色，有光泽。圆柱体，中有圆孔，
一侧有缺口，通体阴刻双勾龙首纹，碾
琢精致。

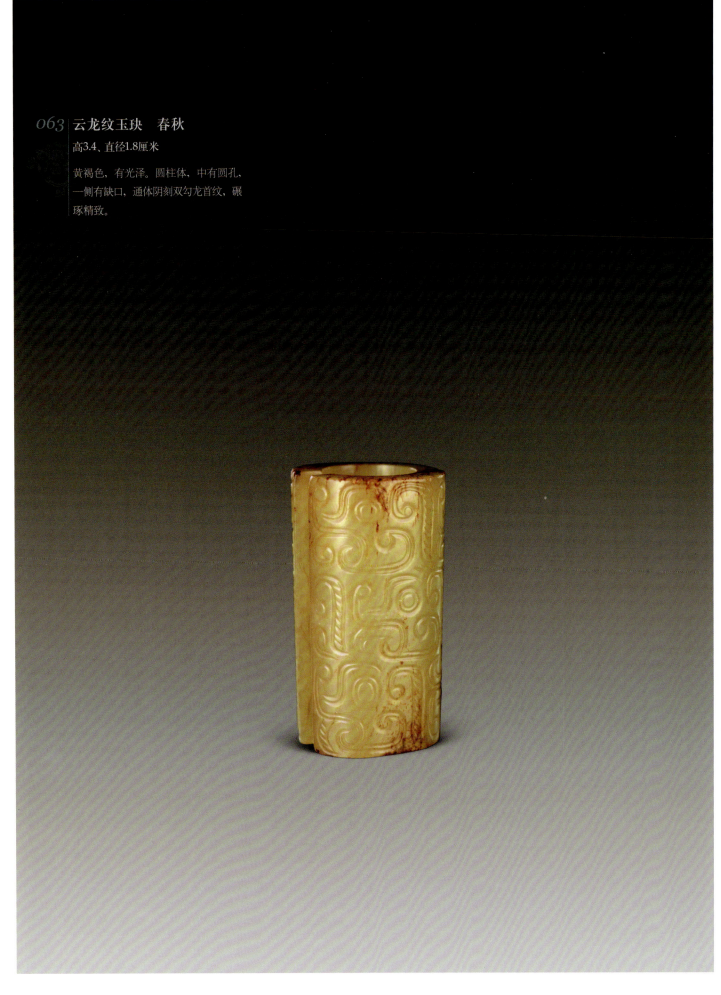

龙首纹管形玉饰　春秋

高2.7、宽2.9厘米

黄白色，局部有褐色沁。整体呈束腰
圆柱形，中间钻一通天孔。器身布满龙
首纹、勾云纹及丝束纹。

065 | 玉兽　春秋 （左页图）

高2.1、长3.2厘米

青黄色。圆雕一回首卧兽、吐舌、弓背、屈腿、卷尾，全身分别以卷云纹、鳞纹及阴刻线装饰。玉兽小巧精致，其俏皮淘气的动感被表现得惟妙惟肖，是春秋时期动物形玉雕之佳作。

066 | 蟠龙纹玉柄形饰　春秋

长9.8、宽4厘米

青玉，严重浸蚀成黄褐色。厚片状。器物整体呈"T"形，上部阴刻龙首纹，下部饰交错盘绕的龙纹，龙身饰丝束纹，背面光素。器物边缘出脊，底端出一短榫，榫中部钻一孔洞。

067 蟠龙纹玉戚　春秋

长9.9、宽4厘米

黄绿色，多褐色沁。两面阴刻蟠龙纹，龙身饰丝束纹，戚边侧出脊齿，下端弧形双面刃。从上部所留残铜看，此器原为金(铜)镶玉的复合式礼仪器具。

068 双龙首云纹玉珮　战国（右页图）

长5.2、宽3.9厘米

白色，玉质温润。主体璧呈扁圆形，璧身阴线琢龙首纹及卷云纹，出廓部雕相背的两龙首及爪，造型独特，设计巧妙，纹饰精美，是战国玉珮中的精品。

谷纹玉龙　战国

长13.7、宽2.2厘米

白色,局部有黄沁。龙的躯体呈"∽"形,俯首,阴刻橄榄形眼,卷鼻,张口,龙耳平贴在背上,唇口饰丝束纹,通体浅浮雕规则的卧蚕纹,弓背上穿一孔,以供系佩。

070 **双龙双螭纹玉珮　战国**

长11.4、宽5.3厘米

黄绿色,部分受沁颜色泛白。片状、镂雕。以双龙双螭对称分布为主体纹饰,双龙回首向外,龙身呈"S"形,双螭亦对称分布于双龙内侧。此珮整体运用阴线刻划,分别用勾云纹、毛鳞纹、网格纹及绞丝纹做装饰,将龙螭相互交错盘绕、玲珑剔透的优美造型展现无遗。细腻的工艺增加了对称形式美,镂雕更加强了器物整体的生动感,是战国时期龙螭珮的难得佳作。

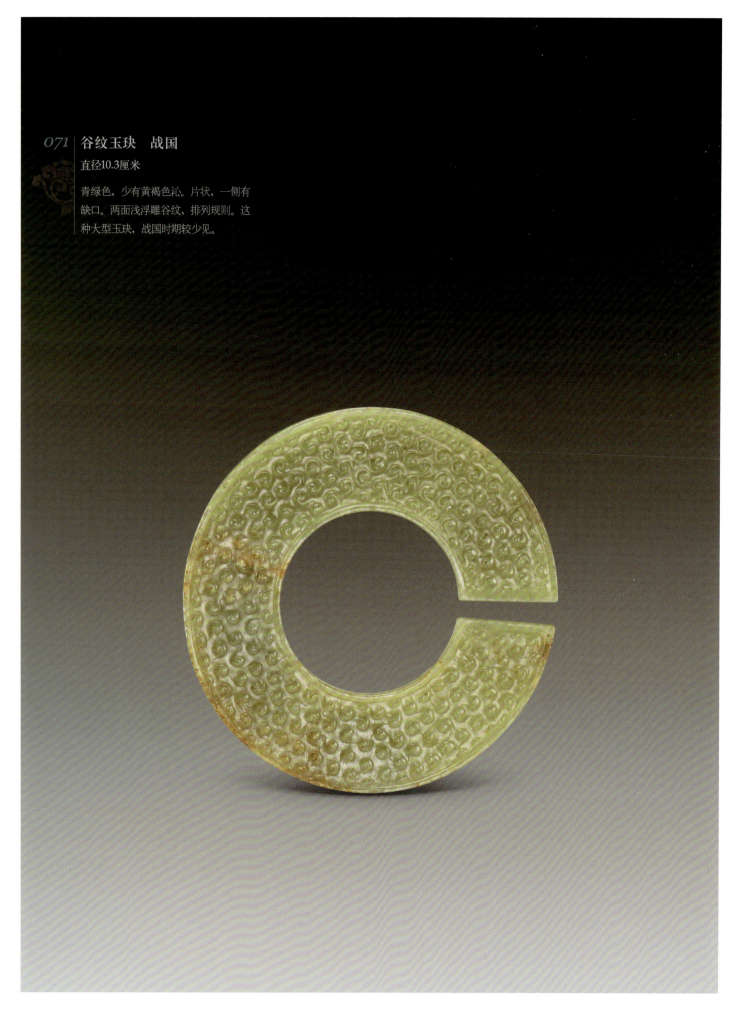

O71 谷纹玉玦　战国

直径10.3厘米

青绿色，少有黄褐色沁。片状，一侧有
缺口。两面浅浮雕谷纹，排列规则。这
种大型玉玦，战国时期较少见。

072 **云纹龙首纹玉璜　战国**

高3、宽8.3厘米

白色，温润洁净。双面浮雕并阴线刻云
纹，两端为出脊方形龙首作相背状，并
各有一个钻孔。此璜造型传统，纹饰
精美，线条流畅且雕琢精细，是战国时
期典型标准器。

073 **蒲纹玉璜　战国**

均高6.1、宽18.8厘米

2件，黄褐色，多白色土沁，莹润光泽。
双面浮雕规则蒲纹，上下边缘出浅宽式
齿纹。上部中央单钻一孔。玉璜雕工
精美且成对，实属珍稀。

谷纹管形玉饰　战国

高4.2、宽1.3厘米

青白色，有黑褐色沁。形似枣核，中间
自两端对穿一孔。表面三周弦纹将器物
分为四节，并浮雕谷纹，谷纹颗粒饱满，
疏密有致。做工精细，风格朴实。

075 云纹玉珌 战国

长11.1、宽1.7厘米

黄褐色，管状。上面阴线刻勾连卷云纹，
底部镂空，两端穿通孔。这种管状造
型的玉珌奇异少见。

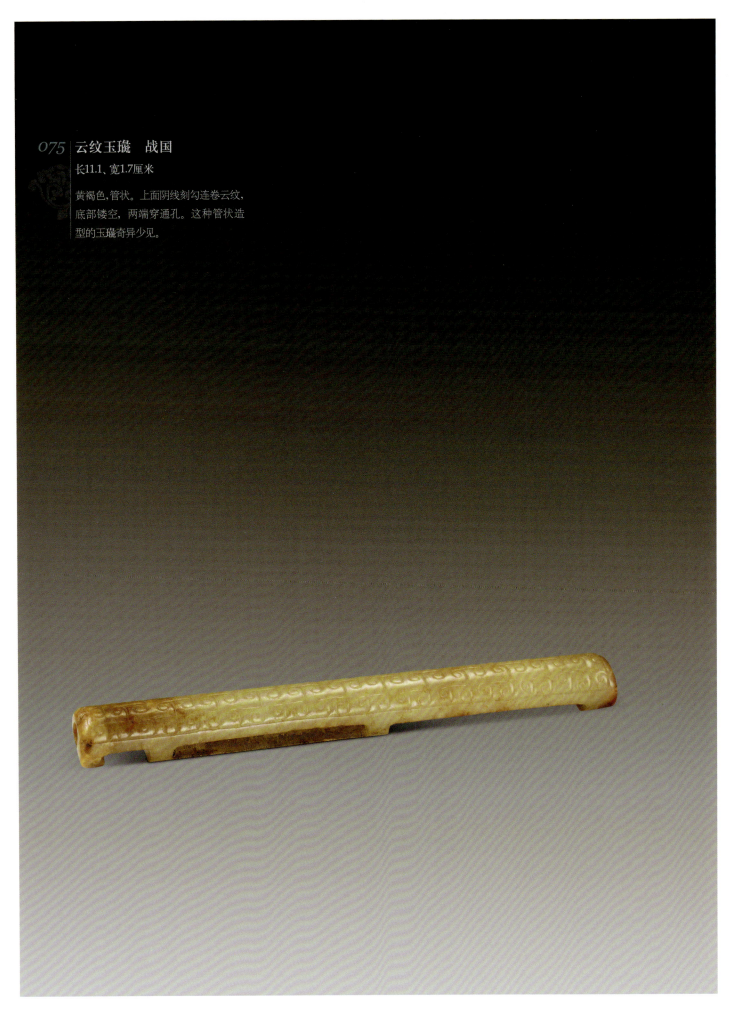

玉人　战国

高4.4、宽1.7、厚1.1厘米

白色，有黄褐色沁斑。玉人做圆雕立姿，头部占身体比例略大，双臂下垂，身穿长袖右衽交领长袍，宽袖。衣纹以简练概括的线条勾画，柔和协调，长袍领边、腰间、底部刻有均匀的阴线斜条纹。自头向下钻通天孔。此时期圆雕玉人比较少见，且其着装对研究当时服饰具有参考价值。

谷纹玉璧　战国

直径11.6厘米

浅黄色，多褐色沁。两面浮雕排列规则
的谷纹，光泽晶莹，手感锐利。

078 **谷纹出脊玉璧　战国**

直径8.1厘米

青绿色，有白褐色沁。双面浮雕谷纹，
孔缘、璧缘饰脊齿，脊齿的造型别致，
在战国玉璧中少见。

079 "涌肯"铭玉珌　战国

（左页图）

高7.2、宽1厘米

土黄色，器表光滑。四面柱体向下渐收出锋而成锥形，锥锋已钝。三面刻字，一面光素。上端两宽面间穿有一孔。"涌肯"玉珌，据说与楚铜器群同出于安徽寿县李三孤堆，玉珌正面刻有"涌肯"两字，另两处伪刻。据古文字学家陈邦怀先生考订，"肯"即楚王名，"涌"是楚王肯初封的地名，玉文不称王肯，是因肯作玉珌时，尚是王子，食邑于涌水之上。该铭文的考证对研究当时的历史文化具有极其重要的价值。

080 "行气"铭玉饰　战国

高5.4、直径3.4厘米

苍绿色，有杂斑。器形呈12面棱柱形，中心有一从下到顶端尚未穿透的圆形孔，孔壁厚0.5厘米，未加打磨，留有斧凿痕迹。器表磨制光滑温润，阴线刻篆体文字，每面3字，凡36字，另有重文符号8个。按文理分析，在第七行首字下漏刻一重文符号，故总计45字。铭文论述了呼吸和行气的全过程，是我国古代关于气功修炼的最早记录，其镌刻的铭文和独特的造型以及精湛的工艺，均是学者考释研讨之对象，具有极高的价值。

081 | 玉俑　秦

高7.3、宽1.6厘米

青绿色，有黄灰色沁。片状，站式。正面阴线刻人首，体躯呈长方形，腰部饰斜格纹。线条简洁，人物刻画自然出神。

082 | 蒲纹玉璜　汉 (右页图)

均高5、宽13.9厘米

2件，青绿色，玻璃光泽，有铜沁。双面浮雕以菱格纹为地之蒲纹，边缘出浅脊齿纹，上部中央单穿一孔。此两璜为一块料剖开琢成。

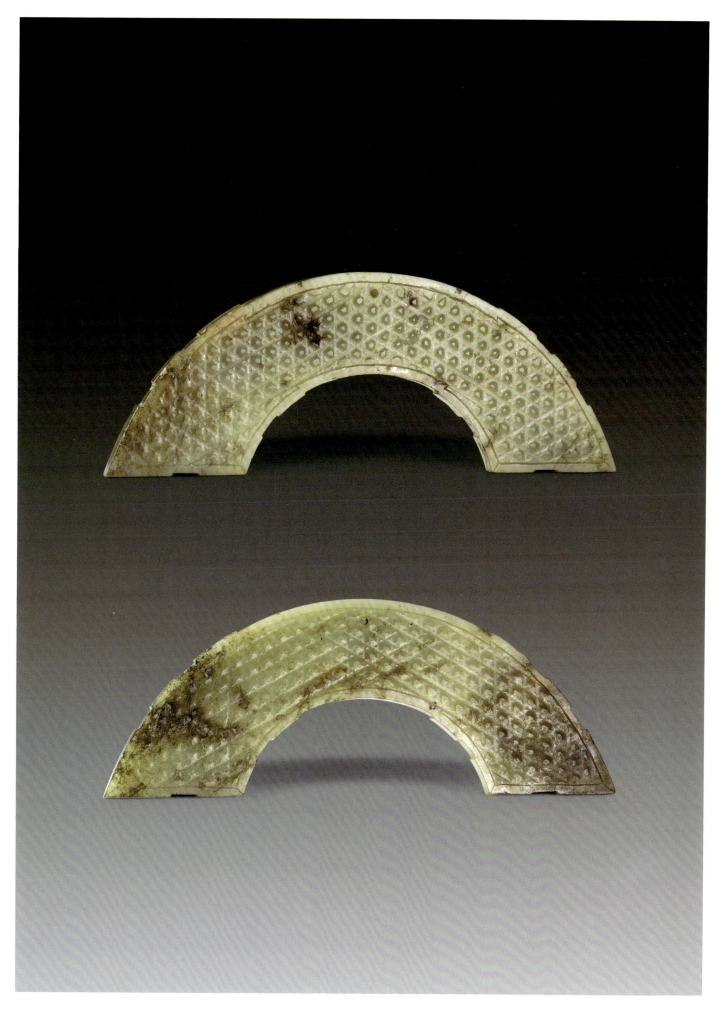

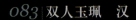

083 双人玉珮　汉

高3.7、宽3.2厘米

此珮系用和田白玉镂雕，两人筒袖长衫并肩挎臂站立。双人的五官、服饰、头顶和身侧附雕的对称四凤纹饰，都是采用阴刻线琢成。此双人玉珮造型别致，在汉代玉雕人物作品中少见。

云纹龙首玉带钩　西汉

长5.9、宽1.3厘米

白玉，有深褐色沁，光润。方形钩体，
钩首为龙头，弯角，上挑眉眼，直鼻，
有须，钩身浅浮雕勾连云纹，边侧为倒
"S"形云纹，方纽，从短小的造型及
纹饰特点看，尚存战国玉带钩之遗韵。

085 | 云纹玉带钩　汉

长5.1、宽4.8厘米

白色，莹润洁净，局部有黄色沁斑。带钩呈尾端分翼上卷状，主体纹饰为细阴刻线雕琢的勾云纹，背面钩纽琢兽面纹。造型新颖，纹饰精细。

086 | 谷纹云纹玉剑首　汉 (右页图)

直径4.4、厚0.7厘米

青玉，多白色沁斑。正面纹饰分内外两区，外区浮雕排列凸起的谷纹，内区阴线雕琢勾云纹。背面正中有一阴线圆形深沟槽。汉代镶嵌有玉饰的剑称为玉具剑，玉剑首即玉具剑饰之一，嵌于剑柄顶端。

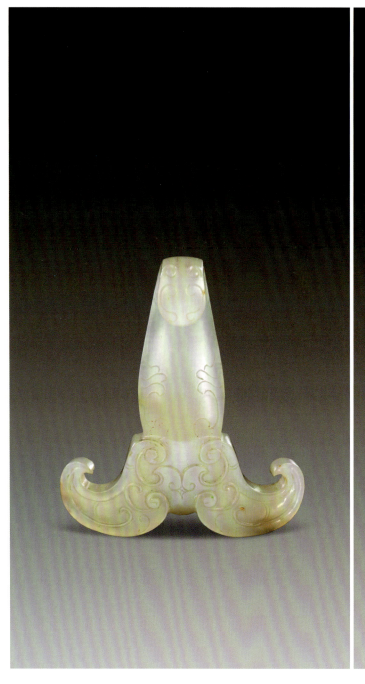

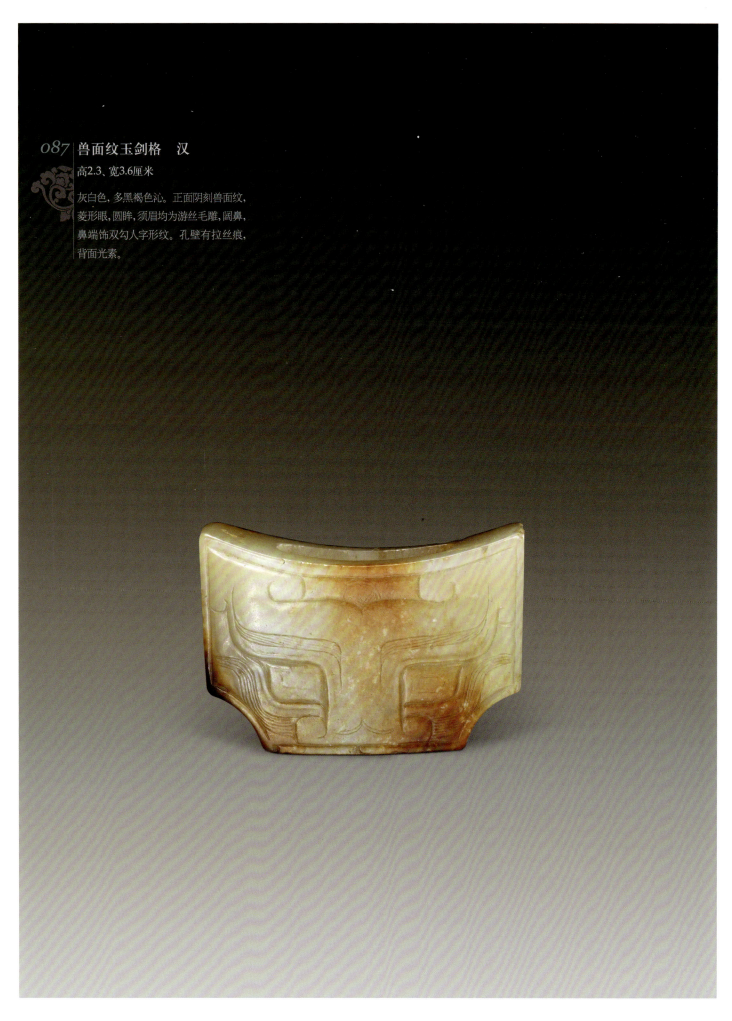

087 | 兽面纹玉剑格 汉

高2.3、宽3.6厘米

灰白色，多黑褐色沁。正面阴刻兽面纹，
菱形眼，圆眸，须眉均为游丝毛雕，阔鼻，
鼻端饰双勾人字形纹。孔壁有拉丝痕，
背面光素。

088 蟠螭纹玉剑格　汉

高2.3、宽5.8厘米

和田白玉，有褐色沁。高浮雕并线刻正
面螭纹，背面有对卷云纹。从中间保存
部分残剑，可以判断器物的功能。此
器纹饰精美，工艺精湛，是同类器中的
精品。

089 **勾云纹玉璲**　汉（左页图）

长9.5、宽1.8厘米

灰白色，莹润，有褐色沁。正面浮雕勾连云纹，腹下一长方形孔，背面光素，琢制精细规整。

090 **蒲纹兽面纹玉璧**　汉

直径25.3厘米

青绿色，有褐色沁和墨斑。璧体较薄、双面均刻有蒲纹、兽面纹，两种纹饰之间，以丝束纹为界，而使纹饰成为内外两区。在汉代，大型玉璧除做为祀神的礼器外，有时还做敛尸的葬玉。有时玉璧置于尸骨背部，表示离世者在另一世界里还能享有祭天的权利。

双龙纹玉璧 汉

直径10、孔径3.3厘米

和田白玉，纯白色。两龙以首相对，龙
头上一角，上额尖锐。口较大，三角形
双眼，拖长尾，龙身用细阴刻线刻划，
线条纤细有力，龙体曲折遒劲，鲜活生
动，构图巧妙，独具匠心。

蒲纹玉环　汉

直径10.2厘米

淡黄色，玉质温润。边缘有一绺。两面
阴线刻蒲纹、丝束纹及"∽"形云纹，
抛光均细。汉代黄玉璧较少见。

093 翼龙形玉饰　汉（左页图）

高3、长5.3厘米

青色，多深褐色沁。龙呈卧式，长角，尖耳、杏眼、张口，龙身饰双勾阴线，肩生羽翼，尾端勾卷，底座平，龙的胸腹部镂空一长方形孔，底座有两圆穿。汉代尚崇道教，认为肩生羽翼即可飞入仙境得永生之吉，可见翼龙寄托着汉人的美好愿望。

094 玉蝉　西汉

长6、宽3.1厘米

淡青色，质地细密光润。蝉形为扁平状，中间稍厚。头部的双目外凸呈方棱形，正面细阴线刻出双翅，尾和翅端呈三角形状，腹部用细阴线刻出足纹。线条坚挺利落，细若发丝，形象逼真，结构准确。此蝉无钻孔，当做为专用的玉琀。

095 | 玉猪　汉

长11.8、宽2.6厘米

灰青色，玻璃光泽。圆雕卧式，无眼，
四肢前屈，嘴部、尾部各有一穿孔，平
底，典型的"汉八刀"技法。

096 玉刚卯严卯　汉

均长2.2、宽0.9厘米

2件，青色。长方柱体、中间钻孔，四面刻有殳书咒语，人们佩戴它是企图借助咒语的魔力，驱疫辟邪，祈求福祉。刚卯刻文为："正月刚卯既央，灵殳四方。赤青白黄，四色是当。帝令祝融，以教夔龙。疟蝥刚瘅，莫我敢当"（正月卯日鬼魅央，灵殳咒语刻四方。赤青白黄丝绶色，四方帝神相宜当。天帝授命火祝融，教扰驯服神夔龙。鬼魅病魔都除尽，非我不能来担当）。严卯刻文是："疾日严卯，帝令夔化。慎玺固伏，化兹灵殳。既正既直，既觚既方。赤疫刚瘅，莫我敢当"（忌恶之日鬼魅休，神兽夔龙已教化。顺从人意必服伺，化作应验神灵殳。刚卯严卯正且直，形体四角有四方。鬼魅病魔都除尽，非我不能来担当）。文字均填朱砂。成对的刚卯严卯，甚为珍贵。

097 | 羽人拜螭纹玉珮 汉

高6.7、宽5.3厘米

深灰色，多墨色沁斑。片状，采用镂雕
及阴线雕刻技法。器上端一羽人，头发
向后飘逸，肩生羽翼，拱手跪拜于螭前。
两边各雕有螭凤，中心一圆孔，孔下雕
云水纹。羽人是引导人们羽化登仙、长
生不死的神仙，这种题材反映出汉代人
的信仰及观念。

098 玉司南珮　东汉

高2.9、宽2.4厘米

白色，有褐色沁。作长方形柱体，上端
为勺形，下端为碗形，中间有一横穿通
孔。当时人们将其佩挂于身，有辟邪压
胜之意。

谷纹双螭纹玉璧　东汉

高15.7、直径13.9厘米

淡黄色，有黄褐色沁斑。璧上部出廓
镂雕对称双螭、螭眉眼上挑，身饰短
阴线、小圆圈纹及细毛纹。璧身两面
浮雕乳钉形谷纹，琢制精细，造型奇特，
在汉代玉璧中极少见，十分珍贵。

101 | 谷纹玉璧　东汉

直径16厘米

和田白玉，温润光泽，少有黄褐色沁。
双面雕排列整齐的乳钉形谷纹，琢磨
犀利，颗颗晶莹，是典型的东汉谷纹璧。

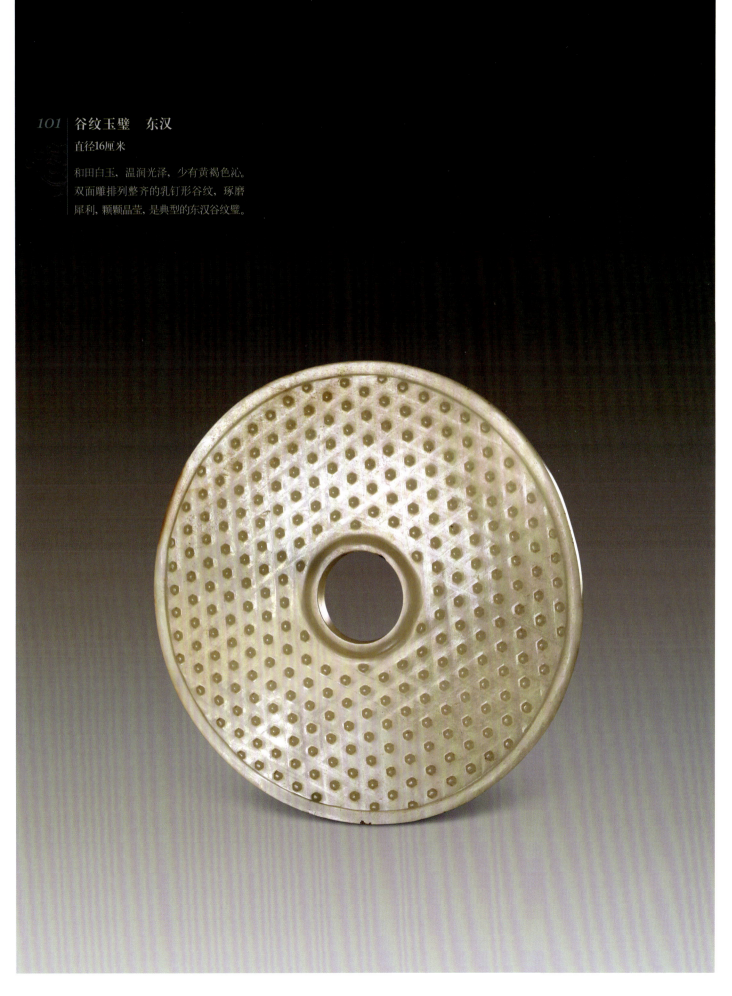

102 | 玉卧羊　东汉

高4.2、长6.4厘米

玉羊利用玉料本身天然不同的颜色，巧妙地琢制而成。墨色部分作羊首，头微昂，双目圆睁，硕大的两个羊角呈弯曲状。灰白色部分作羊身及肢体，羊身丰满肥硕，四腿弯屈呈卧状，其"俏色"技艺"巧夺天工"。汉代"俏色"玉雕作品极为少见。

103 | **玉羊首　汉**

高1.8、长3、宽2.8厘米

白玉，玉质温润。双羊角盘曲于两侧，脸部凸起两个部位代表眼睑，其上画龙点睛的两个横道表示眼睛。吻部前凸，口中直至羊角中间钻一通孔。此器造型奇特简约，遗存稀少，尤为珍贵。

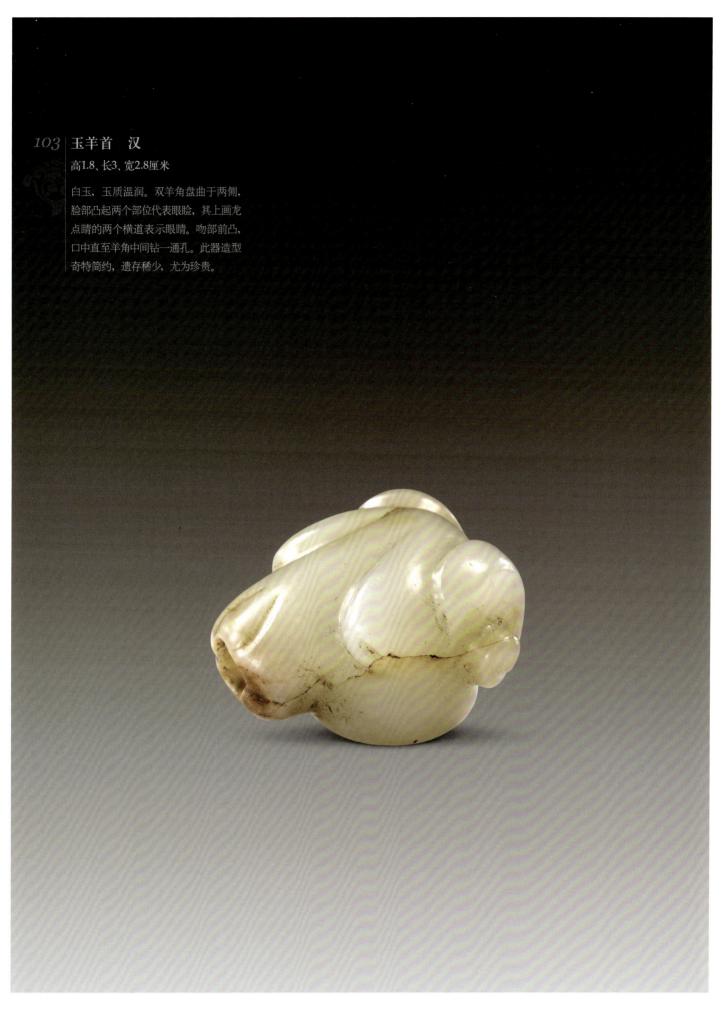

104 | **玉卧兽　魏晋**（左页图）

高6.2、宽7.5厘米

以整块青玉籽料采用圆雕技法琢制而成。玉兽呈卧姿，头向前视，小头宽颈，圆圈眼，嘴稍尖，挺胸，颈刻短毛，宽臀，长尾。作者以简练的线条，勾勒出兽体浑圆的轮廓及四腿弯屈的恣态，似小憩，又似欲起，拙重敦厚，肉丰骨劲，爽爽有神力，神姿毕肖，具有强烈的艺术感染力，是魏晋时期极为罕见的玉雕艺术珍品。

105 | **双螭纹玉饰　南北朝**

长4.6、宽6.8厘米

灰青色，有黑色斑点。椭圆片形，正面浮雕双螭，反面阴线刻勾云纹与四个兽面纹，纹饰规矩，做工精美，可能是带环，南北朝时期这种玉饰极少见。

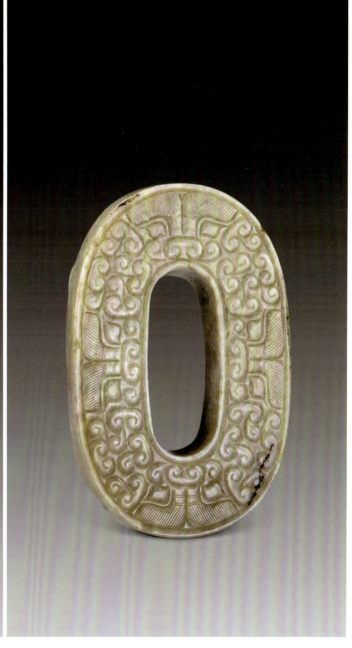

107 | 云纹穿带玉盖瓶　南北朝

高8.6、宽3.2厘米

白玉，通体黄灰色，有褐色沁。圆筒形，盖顶饰旋涡纹，两侧有圆管状穿带，通体阴线刻勾云纹，圆足。此瓶属装饰性与实用性相结合的作品，做工精细严谨，纹饰细琢规整。小型玉瓶多盛装香料佩戴于身，是南北朝士大夫钟爱的时尚之物。

玉骆驼　南北朝

高5.6、长8、宽2.9厘米

青玉，圆雕。骆驼呈卧式，双峰、菱形
眼、茸耳，头顶、双峰、颈部及尾均刻
划细短阴线数圈表示驼毛，两侧身躯各
琢三道深弧线以示肋骨，腿部肌腱凸
起，神态平和安详。骆驼雕琢细腻生动，
骨感传神，应是同类作品中的精品。

109 | 玉牛　南北朝

高2.8、宽4.9厘米

灰青色，多墨沁。圆雕卧牛，短耳，额
头有一圆凸，眉眶微隆，方圆眼，齐口，
嘴侧各有两道阴线，尖胸脊，偶蹄，尾
细长，绕过右后肢并攀附于腹侧。左前
腿穿一孔。刻工精致，形体浑润，凝
炼传神。

110 | **玉飞天　唐**

高2.9、宽3.6厘米

青白色，局部有黄色沁斑。阴刻兼镂雕侧视的凌空飞天，面颊丰润，头戴莲瓣形帽，双手呈平托状，着长裙飘带，身下有流云数朵，体态轻盈如轻歌曼舞般遨游于天际。佛教神像中的乾闼婆与紧那罗，即天歌神与天乐神，为飞天形象的原型。因为飞天在佛教中被描绘成造福于人类的神仙，所以备受人们喜爱。

莲花瓣纹玉环　唐

高2.6、直径8厘米

白玉，质地润洁。环呈束腰形状，雕
成莲花轮廓，光素，精巧。白玉莲花
瓣纹环是莲花简化的艺术形式，莲花
是佛国的圣花，白莲花瓣纹玉环和白莲
花一样，是佛国崇高与圣洁的象征。唐
代玉环多以光素无纹圆形者居多，花朵
式造型的玉环极为少见。

伎乐人玉带板 唐

长3.5、宽3.8厘米

白色，通体黄褐色斑。近正方片形。正
面浅浮雕盘坐式击鼓人物，阴线表现细
部，背面四角各一对象鼻孔。

113 | **龙纹玉带板　唐**

长6.7、宽7.7厘米

青灰色。正面浮雕一条粗壮巨龙，独角，橄榄形眼，张口翘唇，脑后毛发飘荡，龙身阴刻细密的鳞纹，四足，足分三爪。背面四角各对钻一牛鼻孔。整体运用具唐代特色的"池面隐起"技法，所雕龙纹气势蓬发，奔腾凶悍，是不可多得的唐代龙纹标本。

114 **云龙纹玉带板　唐一五代**

长15.2、宽5.6、厚0.6厘米

青玉，片状。鳍形铊尾。采用"池面隐起"
雕琢技法，突出主体龙纹。龙嘴大张，
全身遍布细密的龙鳞纹，躯体矫健有
力。铊尾四角各琢一朵流云装饰。四
边边棱向内斜凹，此设计是为整套带
板收起折叠之便。背面光素并钻六组
对穿孔。纹饰特征及雕琢技法均具唐
代典型风格。

阿拉伯文玉饰　唐

长4.2、宽4.9厘米

青白玉，片雕。玉饰似宫灯状，上端有一
佩戴孔，正面阴刻四行阿拉伯文，译文释
义：高呼奇迹的创造者先知阿里，他拯救
你于水火之中，心中的忧愁和痛苦即将消
失。背面光素。此饰件刻有阿拉伯文字，
是伊斯兰教东传中国的证物，向这样反映
伊斯兰文化的玉器极少见。

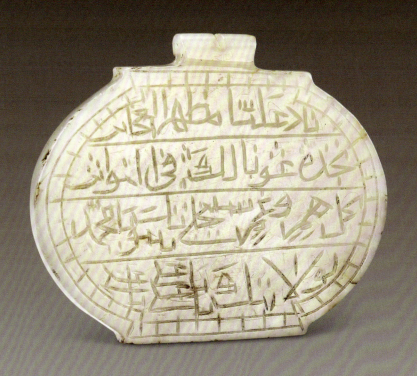

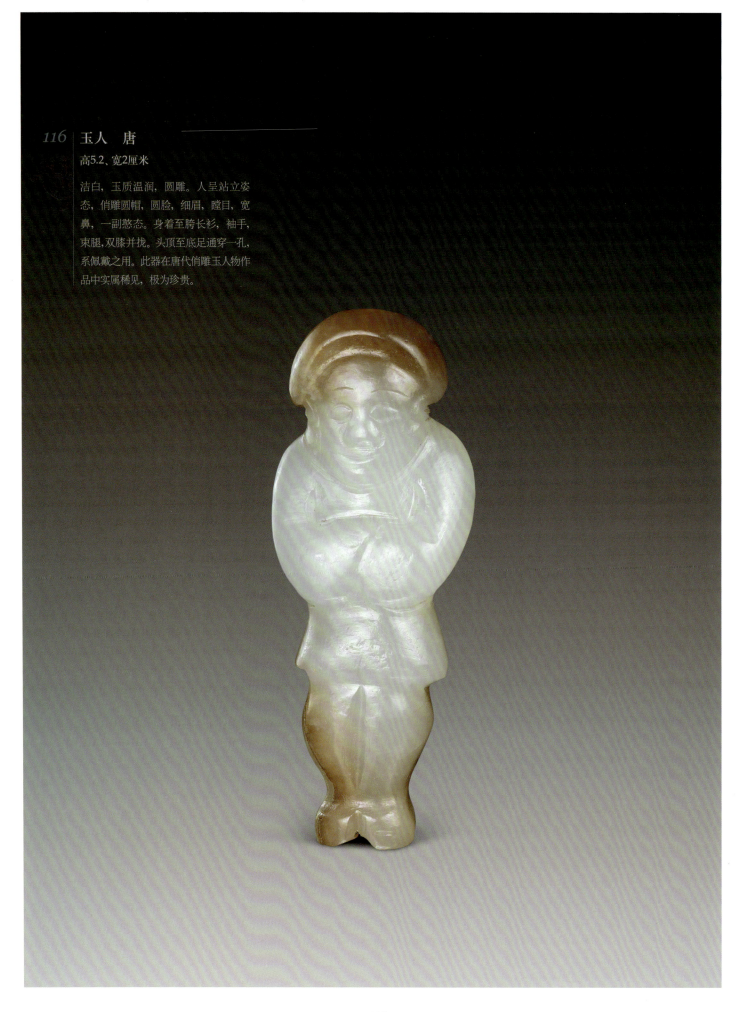

116 玉人　唐

高5.2、宽2厘米

洁白，玉质温润，圆雕。人呈站立姿
态，俏雕圆帽，圆脸，细眉，瞠目，宽
鼻，一副憨态。身着至胯长衫，袖手，
束腿，双膝并拢。头顶至底足通穿一孔，
系佩戴之用。此器在唐代俏雕玉人物作
品中实属稀见，极为珍贵。

117 | 玉熊　唐

高2.8、宽5.8厘米

青白色，玉质纯净。圆雕卧熊，小耳，
圆眼，身多刻以细毛纹，长尾右甩。四
掌及胸腹部琢磨精细，两乳清晰可见。
造型敦厚，憨态可掬。

118 玉马　唐

高4.3、宽5.1厘米

灰青色，少有黑沁。圆雕俯首跪卧式马，短耳前冲，三角形眼眶，圆眸，颈部浅阴刻细长鬃毛，前肢后屈，尾前甩，背部有四孔洞，其中两孔穿至腹底。线条流畅，写实生动。

119 | **玉骆驼 唐**

高6.3、宽6.4厘米

青黄色，布满黄色牛毛纹沁，圆雕。骆驼站立于底座之上，昂首挺胸，头顶生有簇毛，重眼睑，双峰，长尾，用粗细阴线雕琢驼毛。骆驼被誉为"沙漠之舟"，在唐代已成为商贸运输的交通工具，为丝绸之路的畅通起到了非常重要的作用。唐代常以三彩陶器塑造骆驼形象，玉质少见。

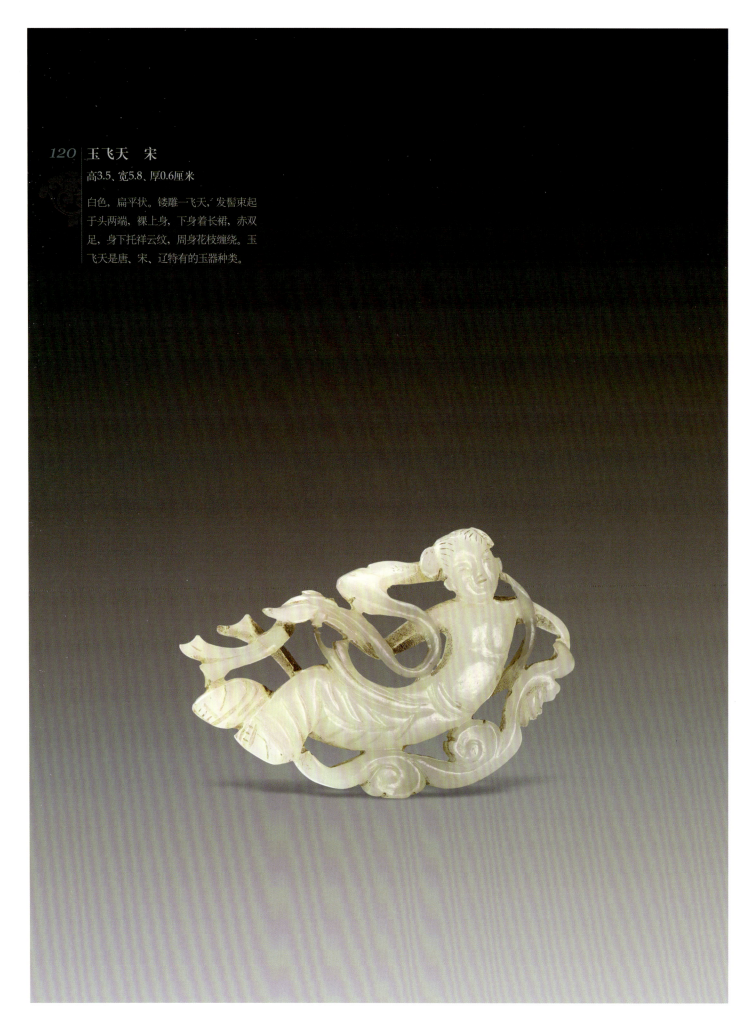

120 玉飞天 宋

高3.5、宽5.8、厚0.6厘米

白色，扁平状。镂雕一飞天，发髻束起于头两端，裸上身，下身着长裙，赤双足，身下托祥云纹，周身花枝缠绕。玉飞天是唐、宋、辽特有的玉器种类。

121 | **玉飞天　宋**

高3.7、宽6.2厘米

纯白色。镂雕卧式飞天，胸部以上挺
起，右手托盘做献物状，左手握花枝梗，
露双足，身着长衫，身下有三朵卷叶状
祥云。

122 | **双龙首云凤纹玉珮　宋**

长11.2、宽3.5、厚0.4厘米

玉质温润、洁白纯净、片状双面透雕。
整体采用细阴刻线雕琢，有细铊痕。璜
两端琢回首双龙，圆眼，尖耳，毛发分叉，
嘴大张露细密龙齿，鼻上卷，颈部刻龙
鳞纹。出廓上部雕回首双凤，下部雕勾
云纹。造型灵动优美、线条舒展流畅，
为宋代传世品之佳作。

双螭纹"宜子孙"玉璧 宋

高9.7、宽7.3厘米

纯白色，纯净温润。透雕兼阴刻出廓
璧，出廓部雕童子骑羊，下连透空璧，
孔上下镂刻篆书"宜子孙"三字，两
侧镂雕对称盘曲双螭虎。此系模仿东
汉透雕吉语出廓璧，是一件典型的宋
代仿古玉器。

124 | 龙凤纹玉珮 宋

高7.4、宽4.2厘米

羊脂白玉，温润无瑕。镂雕龙凤，身
尾盘曲合成一体，额颔相抵，情态亲昵。

125 | **龙纹鞢形玉珮　宋**

高6.4、宽4.6厘米

和田白玉，温润洁白。器采用透雕技法
琢制而成，正面浮雕勾连云纹，背面细
阴刻云朵纹和勾云纹，器中圆孔的上部
和两旁雕一夔龙。造型秀巧工美，是一
件典型的仿汉代玉器作品。

126 | 绳纹玉饰 宋

长11.7、宽4.5厘米

纯白色，半透明。圆雕如两个"∞"形
盘叠绳索，其上刻阴线细绳纹，雕法有
唐代风格。造型别致，遗存较少。

127 玉持莲童子　宋

高5.7、宽4厘米

青色，厚片状。童子头较大，发丝刻划
疏密整齐，双眼用短阴线琢刻，直鼻小
口，耳贴脸颊部，手持莲花，上身着
米字纹坎肩，下身穿格纹肥筒裤，头侧
部至两足中间有通天孔，系佩戴之用。
从童子五官特征和身着服饰特点看，应
是一件宋代遗物。

人物纹玉带板　宋

长10.4、宽5.2厘米

青色，局部褐色沁。正面浮雕兼阴线
刻着袍道人，头侧饰舒卷自如的花朵
形云纹，右手执一拂尘，脚侧一回首鹿。
背面中央有桃形凹槽，四周有对钻五孔，
以供革　结缀缝合之用。宋代琢制道教
题材的玉铊尾极为少见，十分珍贵。

129 **道人观书纹玉带板　宋**

高6.7、宽7.8厘米

白色，方形。正面浮雕兼阴线刻一老人
坐卧于莲花瓣之上，手捧书卷，孜孜以
读，右上一轮圆月，四角及四边缘共对
钻八孔。玉匠利用高浮雕的技法，把老
翁用心吟诗赏月的情景、坦然恬静的情
态，刻画得惟妙惟肖。

130 **云龙纹玉嵌饰　宋**

长7.1、宽6.1、厚1厘米

墨玉，玉质温润，片状镂雕。龙作穿云状，
嘴大张露齿，毛发向后飘扬，龙身粗壮，
上琢脊骨纹。品字云纹及如意云纹环
绕四边，背面光素。器体厚重，工艺精
湛，龙纹形象生动，代表了当时工艺的
较高水平。

131 螭纹龙首玉带钩　宋

高2.5、长11.5、宽1.7厘米

白色，局部有黄色沁。龙首椭圆形眼，
嘴微张露齿，如意形鼻，双龙角后抿。
钩身雕一小螭，仰首、张口，一绺胡须
拖到钩身，四肢匍匐，身体尚未腾空，
长尾分叉卷曲。钩身两侧、钩背及钩组
均饰勾连云纹。纹饰寓苍龙教子之意，
属带钩的常见题材。

132 龙纹玉杖首　宋

高17.2、宽10.4厘米

灰青色，玉质莹润。龙首有双角，长浓眉，圆眼，上唇上卷，下唇下卷，张口，口中衔珠，腮部饰火焰纹，颈部有鬃毛和鳞纹。下部穿空并钻三孔，推测可能是宋代宫廷车辇座椅上的端首。

133 玉鹅形盒　宋（右页图）

高8.4、宽11.8厘米

灰青色。鹅呈浮游状，曲颈，圆眼。鹅红高凸，身上以细短阴线刻翅羽及尾羽，盒底浅浮雕双蹼。阴线细密齐整，层次分明，玉匠因材取式，造型雕工俱佳，清隽优美。

134 谷纹螭纹玉觥　宋

高10.2、宽11.8厘米

青黄色，莹润，盖上镂雕一伏式蟠螭，盖
前端及柄部各浅浮雕一兽面纹，器腰部浮
雕排列整齐的乳钉形谷纹，椭圆圈足。器
内外琢磨工整精致，造型系仿商周青铜带
盖觥，是宋代典型仿古佳作。

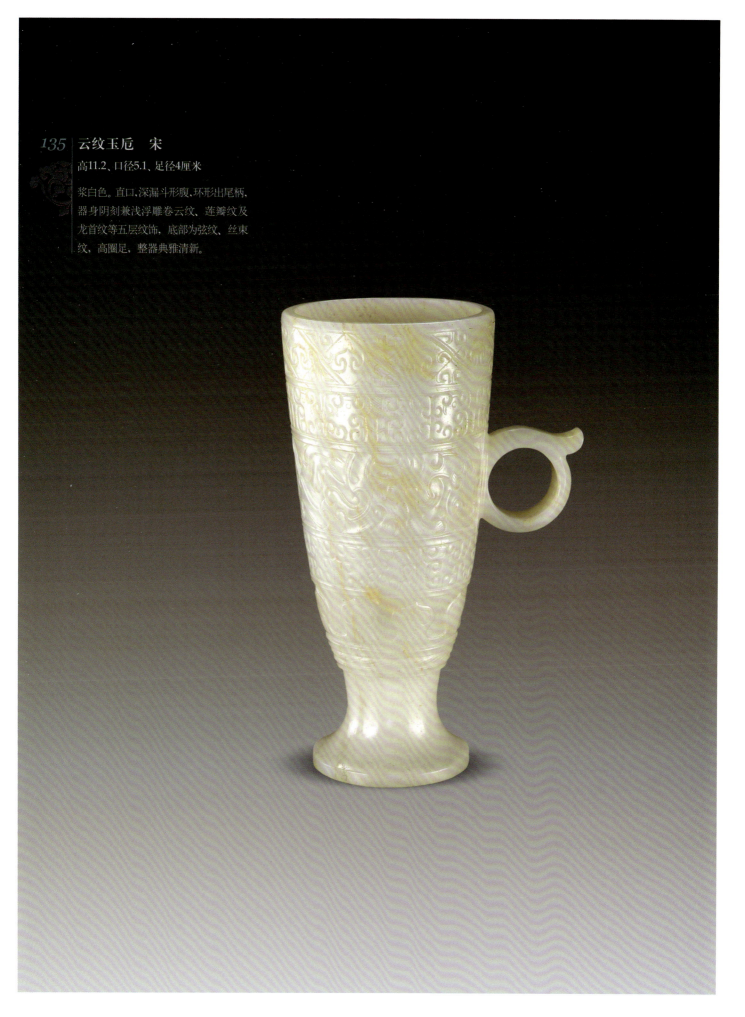

135 | 云纹玉卮 宋

高11.2、口径5.1、足径4厘米

浆白色。直口,深漏斗形腹,环形出尾柄,器身阴刻兼浅浮雕卷云纹、莲瓣纹及龙首纹等五层纹饰,底部为弦纹、丝束纹、高圈足,整器典雅清新。

136 | **玉鸭　宋**

高5.7、宽10.4厘米

青白色，圆雕。鸭浮卧式，回首并紧
贴项背，似憩息状，下额及顶部雕云
纹、花朵纹，鸭翅除雕羽翅纹外，其
根部浮雕以雷纹为地的龙纹，底雕二
蹼。作者以材选型,作品风格清幽雅淡,
流丽缠绵。

137 | 玉兽　宋

高4.3、宽5.2厘米

蹲卧式，挺胸昂首，前肢直立。涡耳，
长圆形眼，张口，唇斜平，额及腮部有
月牙形刻线，浮雕双翅，羽尾，其上刻
对称的斜直线，足分三爪，趾底有圆
形肉垫，形象刻画细腻生动。

138 玉双兽 宋 （左页图）

高5、长6、宽2厘米

白色，温润，局部带黄色沁。圆雕，双
兽相拥而坐，四爪相倚，母兽头长一
角，圆眼，小耳，长嘴，长尾卷曲于身
后。小兽无角，雕琢与大兽相同，表现
出母子相依之情。造型新颖,品相完美,
此时期母子兽题材少见，为宋代玉雕之
佳品。

139 玉卧兽 宋

高3.6、宽6厘米

灰色，带褐色沁斑。卧式，仰首，角细
长弯曲，勾云形耳，桃形眼，方鼻阔口，
脊骨凸露，身及四肢阴线刻勾云纹，扭
丝形尾绕过左后腿向上卷曲。

上刻划出数条棱表示肋骨，骨骼感明显，
姿态悠闲。器做工精细，是宋代传世
玉狗中的精品。

141 玉飞天 辽金

高2.7、宽4.2厘米

纯白色，温润洁净。男像卧式，头戴瓜
皮帽，双手持宝相花，下着肥腿裤，身
围飘带，宛如畅游于天际之中。

142 玛瑙臂鞲　辽

长8.1、宽3.6厘米

玛瑙，有青白两色条状斑纹，器表光滑。
臂鞲正面微弧形、反面凹形，器中部两
侧各有一个椭圆形穿孔，器两端系圆首。
其造型与辽陈国公主墓出土的白玉臂鞲
基本一致，为契丹族人在游猎架鹰时护
臂之用器。

鹘啄天鹅纹玉带扣 金

长5.9、宽3厘米

灰白色，镂雕。长方形，一端有一扁环可悬
挂物件，侧端有长方形穿带孔。主体纹饰雕
鹘啄天鹅，风格粗放。造型构图均为典型
金代风格，所饰图案颇具传统民族特色和
地域特点，正是北方游牧民族春天纵鹰捕
鹅时的场景。

144 双鹿柞树纹玉饰　辽金

高6.7、宽8.8、厚2厘米

青色，大部分带有褐黄色沁斑，随形巧作
镂雕。柞树呈褐黄色，树叶用细碎阴线雕琢。
树丛中立两只小鹿，一只仰首前视，另一只
驻足回首凝望，相互呼应，欲行又止，欢
快活泼。背面稍作打磨处理。雕琢风格粗
犷简约，构图丰满，展示了北方游牧民族
的生活场景。

145 | **天鹅衔芦玉饰　金**

高4.5、宽4.4、厚0.3厘米

青色，多墨色沁斑，片状镂雕。天鹅
圆坑眼，衔一芦枝，背驮一荷叶，整体
皆阴线刻纹饰。通过出土实物对比发现，
此件文物应为成对制作，是起巾环作用
的玉冠饰。

146 双鹿纹玉饰　辽金（左页图）

高3.7、长7.1、厚0.8厘米

青色，玉质温润，带黄色沁斑。厚片雕
同身双鹿，头琢花形角，做回首相望状，
背面有四对对穿孔，做镶嵌之用。双
鹿造型构思巧妙，展现出北方游牧民
族鲜明的特色，遗存稀少。

147 玉迦楼罗　辽金

高4.3、宽4.3厘米

洁白色。鸟首鸟身，肩生羽翅，身略前
倾，头戴莲花帽，面部丰满圆润，粗眉，
眼睛内镶嵌宝石，尖鼻，大嘴，身披飘
带，双脚踩祥云，作振翅欲飞状。作品
雕琢精致，分别运用了镂雕、高浮雕、镶嵌等多种工艺技法，把玉迦楼罗琢制
得惟妙惟肖。迦楼罗是佛教护法中较
为著名的一位护法神，属佛教天龙八部
之一。此饰是辽金时期佛教题材作品，
具有一定文化研究价值。

148 | 玉迦楼罗　辽金

高6.3、宽6.6 厘米

青白色，有黄褐色沁。正面阴刻兼镂雕
迦楼罗，冠上阴刻一坐佛，眼呈圆凹状，
应是镶宝石之用，凸鼻，两爪托腮，双
翼及尾用阴线刻划得十分逼真。此饰
呈厚片状，可能是镶于某器的饰物。

149 玉迦楼罗 辽金

高5、宽4.5厘米

白色，片雕。鸟首羽冠丰丽，两眼圆睁，
直鼻、尖喙，双翅飞展状，前两趾爪为
佛教中说法印手形，腹脐袒露，后两趾
爪弯曲呈坐姿。此神鸟为佛教中的护法
神，传会给人们带来吉兆和安详。

长4.1、宽3.3厘米

和田白玉。器形似羊距骨，碾磨细腻圆润，一侧有一对穿孔，可穿系佩戴，属金代独有的装饰品。玉嘎拉哈在金代贵族墓中出土很多，是金代贵族儿童使用的一种玩具。嘎拉哈系女贞语译言，汉人俗称羊距骨。因为羊是北方少数民族供食动物，故嘎拉哈也象征祥瑞。

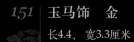

151 **玉马饰 金**

长4.4、宽3.3厘米

灰白色，有絮斑。形状似"凸"字，一
面中部呈圆形凸起，另一面光素。三端
各有一穿孔，与之相对应，器物边缘各
有两道勒痕。

152 玉胡人戏狮　金元

高5.9、宽7厘米

青色。一坐姿胡人，头戴牛角帽，双眼
圆睁，身披竖条纹斗篷，肚皮鼓圆，右
手托一布满米字纹的圆球，左手伏于
腿上，右卧一回首小狮。人物形象写实，
面相刻画生动，整体布局合理，是传
统胡人戏狮题材的优秀作品。

153 | 琉璃迦陵频伽　元

高4.2、宽5.6厘米

琉璃，微透明。人首鸟身，头戴冠饰，双手抱瓶，阴刻翅、尾，翻卷飘逸，下饰流云数朵。迦陵频伽，梵语音译，作人首鸟身形，被作为佛前的乐舞供养。《慧苑音义》记载："迦陵频伽，此云美音鸟，或云妙音鸟。此鸟本出雪山，在壳中即能鸣，其音和雅，听者无厌。"

154 | 龙纹玉炉顶　元

高5.7、宽5.4厘米

和田白玉，正面中部有一块黄褐色玉皮。作圆柱体，通体多层镂雕一龙穿蕃莲花枝，枝叶繁茂，龙游动于花枝中，系元代典型俏色作品。

155 | 龙柄玉勺　元（右页图）

高3.6、宽9厘米

灰白色。勺池呈椭圆形，光素无纹，短柄，其上雕龙首，独角，火焰式毛发，橄榄形眼，上颌翻露，牙齿齐整。龙柄勺初见于汉代陶器，玉龙柄勺乃仿前朝之物，因此至为珍稀。

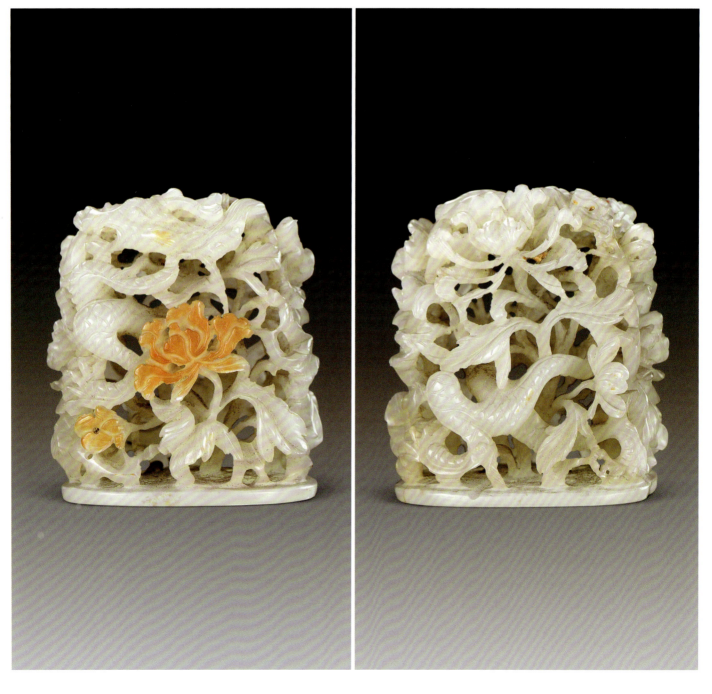

156 花柄玉杯　元

长10.8、口径9.1厘米

黄绿色。杯池呈瓜形，内光素，外面
阴刻瓜瓣纹，镂空花柄，椭圆圈足，雕
琢风格粗犷朴实。

龙纹圆形玉饰板　元

直径13.6、厚2.4厘米

青灰色。近圆形，正面圆凸，镂雕团
龙搏击于湍急的漩涡之中，龙首细长，
尖耳，长眼，猪嘴。阴刻长发及尖爪，
四肢健硕，背面光素。气势磅礴，刻工
粗放。这种纹样的玉饰板元代极少见。

158 翼龙纹双耳玉壶 元

高15.5、口径5.9、底径8.3厘米

青玉，有黑色斑缕。椭圆扁体，直口，
半环耳，椭圆圈足。颈部浅浮雕花卉纹，
腹部浮雕翼龙，龙头瘦长，长嘴上翘，
张口露齿，圆身，三爪，气势磅礴，
极具动感。龙下为海水，下部是莲瓣纹，
其粗犷之美正是元代玉雕的典型风格。

159 | 玉鱼　明

高4.6、长9.6厘米

灰白色，多褐色斑。阴刻"日"字形眼，
撅嘴，口衔一枝莲花，阴刻鳃，两侧刻
阴线，扇形尾内装饰弧线。"莲"与"连"，
"鱼"与"余"谐音，寓意连年有余。

160 玉四喜孩 明

高3.1、宽4厘米

青色。琢双头四身童子，头部浑圆，身体丰满，身着花卉纹和穿孔钱纹服饰，两童子手持灵芝相互拥抱一起，巧合组成四个孩童嬉戏的效果，故俗称"四喜孩"。"四喜人"象征四件喜事：一为久旱逢甘雨之喜；二为他乡遇故知之喜；三为洞房花烛夜之喜；四为金榜挂名之喜。此器寓意吉祥，可见，古代能工巧匠的才思。

161 云纹龙首玛瑙带钩　明

高3.1、长16.8、宽2.5厘米

玛瑙。钩首呈回首龙头形状，独角后抿，嘴微张露牙，钩身上部和钩纽的底部浅浮雕勾云纹，尾部浅浮雕一瑞兽。此带钩形体硕大，做工精细。

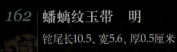

162 蟠螭纹玉带 明

铊尾长10.5、宽5.6、厚0.5厘米

白色，镂雕，抛光细致。由20块玉銙
组成，其中包括3块三台、6块圆桃、
2块辅弼、2块铊尾和7块排方。正
面纹饰均镂雕穿花螭纹，背面无纹饰，
四角各两组对穿孔以供镶嵌于革带之
上。整套玉带品相完美，保存完整，
是传世品中难得的一套明代玉带。

163 | 弈棋人物纹玉插牌　明

高15.7、宽18厘米

灰青色，长方形，镂雕。松竹阴下，两老坐于石桌旁，欣然对弈，另有两老端坐一侧，观摩助兴，二童子侍立其后。画面恬静幽雅，气氛祥和，富生活情趣。这种弈棋题材在玉雕中少见。

164 翔凤衔桃玉洗　明

长17.7、宽11.3厘米

碧玉，晶莹柔润。圆雕兼浮雕翩然翔
凤，口衔折枝鲜桃，由凤头及其尾翼自
然围成近椭圆形洗池，洗底部雕刻舒
展的羽翼和丰尾。造型优美，线条流利，
构思玄妙精巧。

165 云纹螭耳玉匜　明

高13.7、宽10.7厘米

青绿色。体扁，口沿刻一周回纹，匜中部阴刻勾云纹、龙纹，余部刻云头纹，镂雕一螭柄，螭耳若如意，口微启，肘部方尖，肢体劲健。椭圆圈足，足上有两圈弦纹，线条流利匀细，雕工精致。

166 | 花鸟纹玉高足杯 明（左页图）

高7.1、宽6.7厘米

灰青色。池呈海棠形，外周阴线刻花卉、鸳鸯及"寿、庆、寿、喜"四字。足中部凸起弦纹一周，其上有丝束纹，底足为空心八瓣花形。整体造型秀丽典雅，高足杯为明清时期瓷器的常见造型。

167 | 螭耳玉杯 明

高10.7、宽16.2厘米

新疆碧玉，器表多墨绿色斑。杯呈直口深腹椭圆形，杯身镂雕、圆雕三螭，其中一螭攀附口缘，另外两螭附于口缘以作杯的双柄，椭圆圈足，足上有弦纹。此杯形体较大，整体显得敦厚古朴，而细部又琢制精细，具有典型明代工艺特征。

168 松鹤人物耳玉杯　明

高6.8、宽16.7、口径8.6厘米

青白色。外腹一侧刻行书五言律诗一首。
杯身及双耳雕松鹤、老人、童子。双耳
采用镂雕工艺，表现出玉匠高超的雕
刻技巧，圈足。松鹤是明清喜用的装饰
纹样之一，表现的是"松鹤延年"的主题，
是明清时期非常流行的艺术题材。

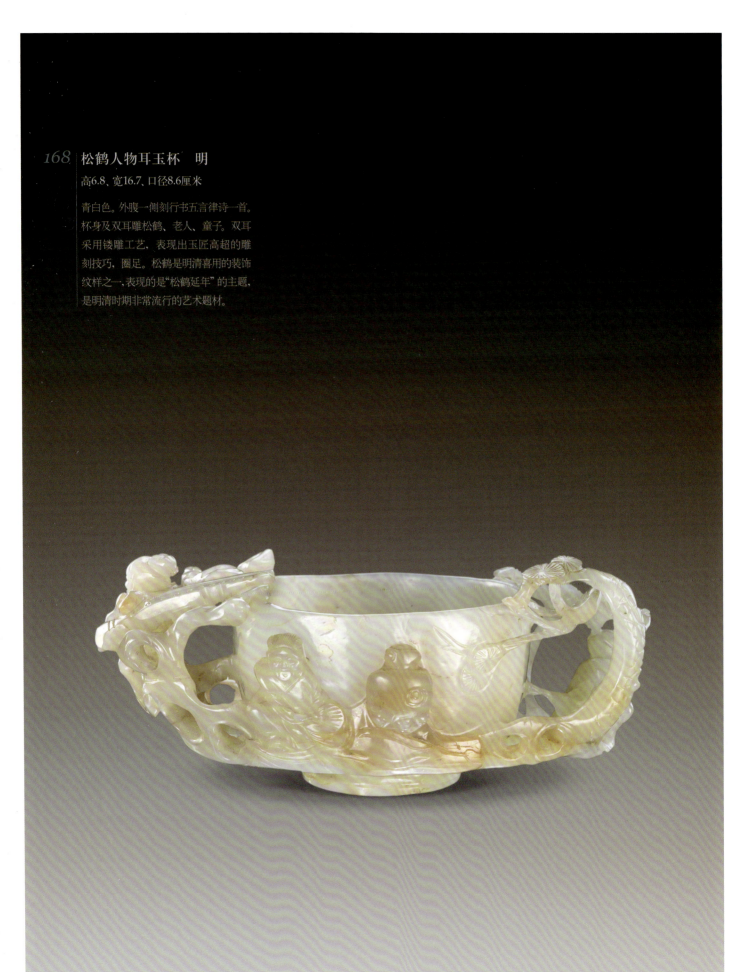

灰黑色，多墨斑。器仿西周青铜簋造型，腹饰直线纹，双耳饰兽头，颈及圈足饰夔龙纹。器形大气庄重，纹饰细致精美，乃明代仿古玉雕佳作。

170 红白玛瑙李白像 明

高6.2、宽10.7厘米

该器用一块红白相间的玛瑙雕琢而成。
作者利用天然玛瑙自身不同的颜色，施
以巧作（俏色）技法，把李白醉酒及书
童侍奉的神态，刻画得惟妙惟肖，是明
代玉雕人物形象精品之作。

玉鹤鹿寿星　明

高13.1、宽9.8厘米

色白润。寿星左手持仗，右手托桃，
左侧有站鹤，右侧有山石、站鹿，形象
生动，寓意吉祥。

172 玉坐兽 明

高8.2、宽6.3厘米

黄绿色，有浅褐色沁。尖耳，凸眼，勾
云形眉，有须。腮饰勾云纹，獠牙外露，
毛发散披，挺胸昂首，脊背骨节凸起，
尾翘卷。底部为六角平台，并对穿三孔。

173 | 玉卧兽　明

高7.7、宽13厘米

黄绿色，有浅褐色沁。侧首，鼓圆眼，
勾连眉，凸鼻，龇牙，披发，胸脊骨隆突，
四肢粗劲，利爪。造型雄浑壮伟，凛
凛有威风。

174 │ 玉三狮　明

高3.6、宽7厘米

灰白色。圆雕卧式子母三狮。大狮回首，其胸前背上各有一小狮，雕工精细，骨骼肌肉感强，三狮温顺可爱，象征吉庆喜气。

175 **玉折枝玉兰花　清**

高10.7、宽31厘米

新疆白玉。以圆雕、浮雕、镂雕技法，
将三朵玉兰花和粗壮的枝干雕刻得十
分逼真，立体感强，艺术价值极高，属
清代仿生造型玉雕佳作。

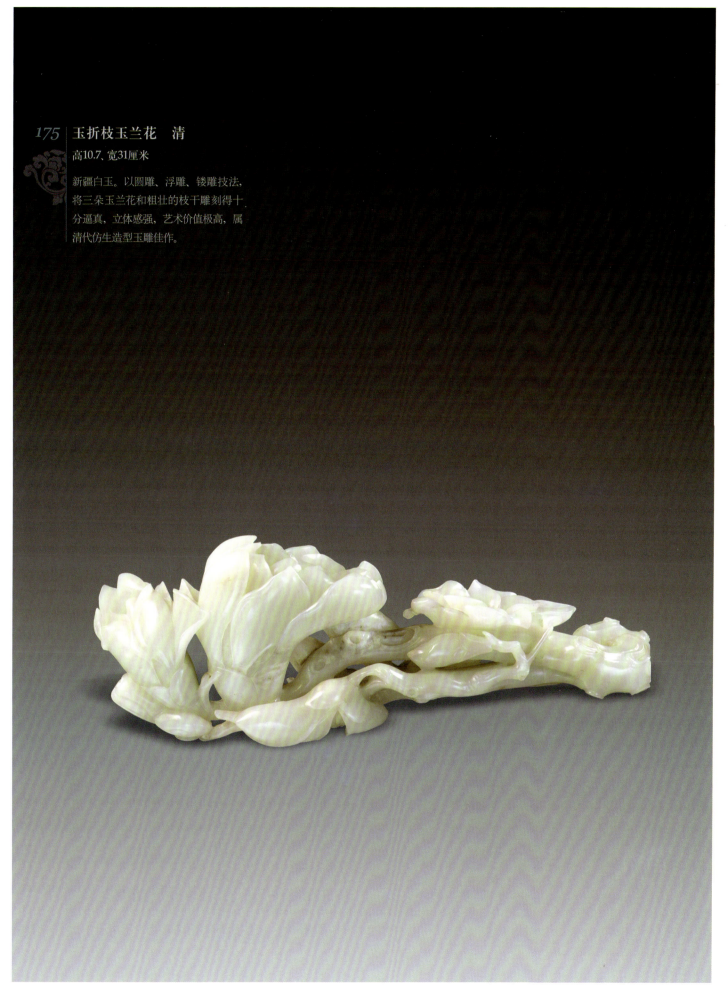

176 谷纹龙形玉璜　清乾隆

高4.4、宽20.8厘米

和田白玉。扁平体，弧形。两端雕成龙
首形。龙独角，龙身浮雕排列规整的谷
纹，上中部有一小钻孔。工艺精细，风
格雅致，为仿古器中的精品。

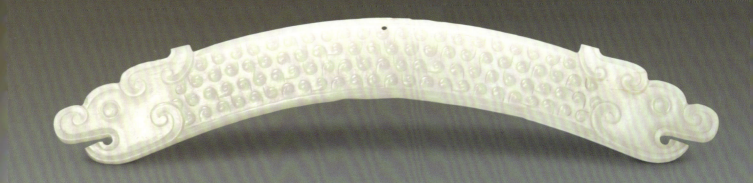

177 凤纹玉洁矩　清乾隆

高8.6、宽7.2厘米

和田白玉。此器由两方筒相连，方筒底部各有一轴，可向左右各展90度，成为长方体，合拢后又恰如工具"矩形"，两面浅浮雕凤纹，合视为兽面。筒内端外壁阴刻楷书五言律诗，款："乾隆戊申仲夏御制"，底阴刻楷书："大清乾隆仿古"。造型别致严整，工艺娴熟精密。

"洁矩"出自《礼记·大学》，洁，约束之意；矩，意为规矩。寓意君子以洁矩来约束规范自己的道德与行为。

178 | 云纹鹰熊纹玉合卺杯
清乾隆

高8.6、宽7.5厘米

白玉，洁净温润。仿古造型，两圆筒瓶并联成器，瓶身阴线刻龙纹、卷云纹及如意形纹，其接口处阴刻篆文："子孙宝之"印。瓶间一侧镂雕鹰踏熊，另一侧雕兽面纹，熊尾与鹰尾相连做柄。两圈足。造型精美别致，纹饰秀雅稠密，是清宫御用精品。古时将匏瓜剖为两半做饮酒用器，称合卺杯。玉制合卺杯是皇帝或贵族婚礼所用酒器。鹰（谐音：英）代表女性，熊（谐音:雄）代表男性，二者相连，喻意儿女繁昌。

179 | 玉圆盒　清乾隆

高5.2、宽13.2、口径12厘米

和田羊脂玉。扁圆体，盖微凸，壁薄而略显透明，中央出圆形隆起，周边出锋沿，直腹，平底。造型规矩严谨，风格恬静肃穆，寄高雅于清淡之中。

180 龙纹兽形玉匜　清乾隆

高21.5、宽18.3厘米

和田白玉，纯洁无瑕。盖镂雕花形套环
纽，兽首张口为流，颔底套一活环、盖、
身阴刻兼浅浮雕龙纹、兽面纹，双曲柱
并联作柄，四只兽蹄为足。纹饰繁茂，
工艺精美，为乾隆内廷瑰宝。

181 **团花纹五环玉盖罐　清乾隆**
高17.7、口径13.8、足径6.6厘米

青白色，玉质纯洁，体呈球形。盖纽为镂空五蝠，
肩部雕五个套环。盖、身均浅浮雕团花圆形双蝶、
福字、蝠桃、菊花等纹饰，寓意五福捧寿，花蝶
庆春。圈足。以减地技法大面积琢出圆形台面，
地子打磨平滑光润，显示出团花形装饰较强的立
体效果，彰显了高超的制玉技艺。

182 乾隆御赏款玉佛像钵　清乾隆

高15、口径15、腹径28厘米

墨玉。钵内描金行书《般若波罗蜜多心经》，内底为描金莲花纹，外口沿阴线刻描金云龙纹，腹部为描金七尊佛像，且与阴刻楷书经文相间，并刻"乾隆丙午秋御赏"款（丙午：乾隆五十一年，1786年）。此钵体大规整，工艺精湛，是难得的宫廷御用精品。

183 | 凤螭纹双联玉盖瓶　清乾隆

高16.3、宽16.7厘米

灰白色，有玻璃光泽。立凤驮小瓶且与
大瓶相连、凤翼丰满、姿态端丽。大
小瓶皆圆雕螭纽，直口，瓶身浮雕神态
各异的四螭。大瓶为椭圆圈足，其底阴
刻"乾隆年制"篆书款。

云纹龙首四耳玉瓶　清

高18.5、宽9.1、口径5.3厘米

黄玉。口圆瓶方，颈部镂雕四云纹耳、身阴刻细云纹。底座为圆雕龙首，其后雕翻卷云纹。整体造型气势不凡，应为清代宫廷陈设用玉。

185 **龙螭纹包袱形玉瓶　清**

高23.3、宽17.5、口宽4.2厘米

灰青色，包袱形。口缘浮雕行龙，瓶身
浮雕五蝠、蟠螭、花叶、云纹、海浪。
此器形体较大，工艺精湛，是清代流行
的吉祥题材中比较典型的作品。

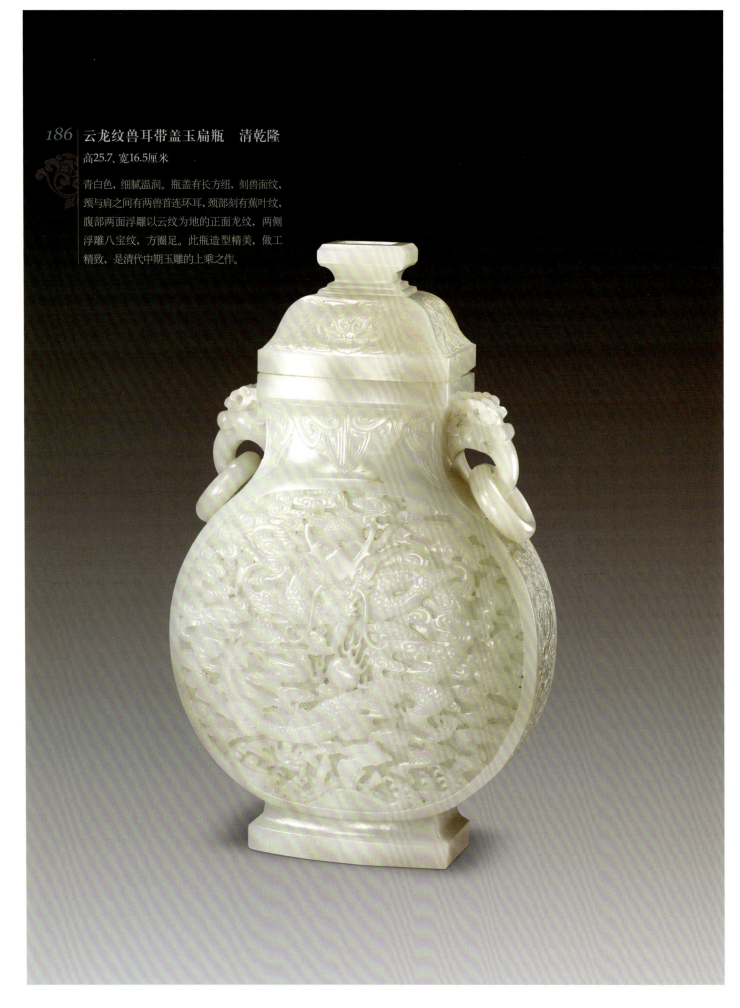

186 云龙纹兽耳带盖玉扁瓶　清乾隆

高25.7、宽16.5厘米

青白色，细腻温润。瓶盖有长方纽，刻兽面纹，
颈与肩之间有两兽首连环耳，颈部刻有蕉叶纹，
腹部两面浮雕以云纹为地的正面龙纹，两侧
浮雕八宝纹，方圈足。此瓶造型精美，做工
精致，是清代中期玉雕的上乘之作。

187 梅鹿鹤人物纹玉盖瓶　清

高16.7、宽18.3厘米

青白色，扁圆体。云珠盖纽，纽上刻阴
阳鱼，镂雕云龙双耳，身左右附圆雕
立鹤、立鹿、梅、桃及人物，腰圆形圈足。
纹饰象征福禄眉寿之吉意。

188 山水人物纹玉笔筒　清

高13、口径14厘米

用整块白玉料雕琢而成。器以浮雕技法，将笔筒周身表面分三个层次；层林深处，细细涓溪在流淌，在层层叠叠的崇山峻岭间，雕琢一四角方亭，如一幅秀丽山川自然美景；苍劲挺拔的松树上，一只蝙蝠飞来，似给人们送来幸福和温暖；画面主体是纯朴可爱的童子手捧灵芝草，敬献给手持策杖的老翁。做工精细，题材新颖，意境深远，代表了清代浮雕技法的高超水平。

福寿吉庆纹玉洗　清

高8、宽16.4厘米

白色。洗池呈椭圆形，口沿覆盖镂雕
蝙蝠、磬、寿及绶带，凹弧形短流，器
两侧浮雕灵芝作耳。三弧形短足。采
用清代盛行的福庆寿吉祥纹饰，造型
别致新颖。

190 九螭纹玉璧 清

直径20厘米

和田青玉，玉质温润，形体厚重。璧
的两面共浮雕九螭，其中一螭穿璧孔，
九螭分布有序，活灵活现，极具动感。
宫廷做工，工艺精湛。螭是龙子之一，
此璧将九螭集中在一起，极显皇家
之气。

191 | 玉三羊　清

高7.7、宽13.4厘米

上等和田白玉。三羊相依而卧，大羊口
吐九朵祥云及阴阳鱼，两只小羊甜蜜地
依偎在大羊母亲的怀抱中，神态平和自
然，温顺憨厚。"三羊"寓意"三阳开泰"，
其造型和雕工极具乾隆时期玉雕风格，
是乾隆时期典型的吉祥玉雕佳品。

嘉庆御题诗玉如意　清

长44、宽11.6厘米

青白色，温婉纯润。灵芝云头雕琢鲶鱼、
磬、寿字、万字等吉祥纹饰，柄中部描
金刻嘉庆御题诗一首。整体雕刻工整精
致，具有皇家风范，尤以嘉庆御题诗而
更显弥足珍贵。如意起源于瘙痒之具，
用以搔抓，可如人意，因而得名。明清
时期，如意已成为寓意吉祥的陈设观
赏品。

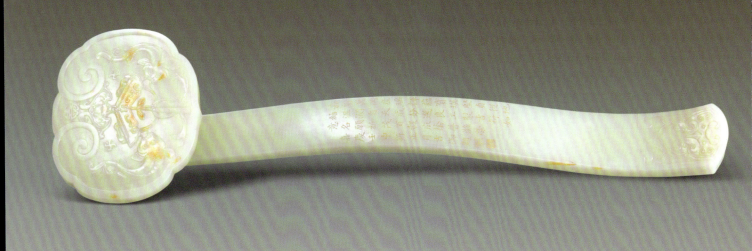

193 蟠螭纹谷纹玉如意　清

长33.8、宽7.8厘米

淡黄色，有浅褐色斑。首部作灵芝形，
其上镂雕一螭并阴刻兽面纹，器身刻
绶带连环及乳钉形谷纹。如意象征吉
祥，古时分别以骨、角、木、玉、铜等
为之，为世人所珍爱。

194 花鸟寿字纹玉盒　清

高8.5、宽13.5、足径8.6厘米

青白色，玉质纯润。正方倭角形、盖、底均向外弧凸。盖中部雕篆书"寿"字，外部通体浅浮雕花鸟纹，盒内壁阴线刻大雁及云朵纹，高圈足。整体造型端庄富丽。

兽面纹龙耳玉盖簋　清

高8.9、宽13.9、口径8厘米

青白色，温润洁净。盖为八瓣花形提手、圆
口、椭圆腹，盖与腹均以雷纹为地饰兽面纹、
镂雕双龙首作耳、椭圆圈足。造型仿西周青
铜簋，琢工至精。

196 | 花卉纹玉执壶　清

高18、宽12厘米

灰青色。盖浅浮雕莲瓣纹，珊瑚珠纽，三角
形尖流，花蕾叶纹曲柄，下腹肥，壶周身均
浅浮雕花卉纹，椭圆矮圈足，胎薄近半透明，
纹饰华丽，系典型的痕都斯坦玉器。

197 痕都斯坦蕃莲百合纹玉刀柄　清

长12.7、宽7.6厘米

碧玉。器体厚重，一端弯曲，另一端向两侧
对称翻卷，端口处有凹槽，应为插嵌刀身之用。
刀柄通体浮雕蕃莲百合纹，并镶嵌红色宝石
八颗。器形、纹饰系典型痕都斯坦玉器风格。

198 **痕都斯坦蕃莲百合纹玉镜托　清**

长14、宽7厘米

青白色。主体呈长方形，上面雕一花苞形纽，镜托背面、四周以及手柄通体满饰蕃莲百合纹，正面有49个嵌宝石的凹穴。器物整体雕琢精致秀雅，是痕都斯坦玉器中的精品。

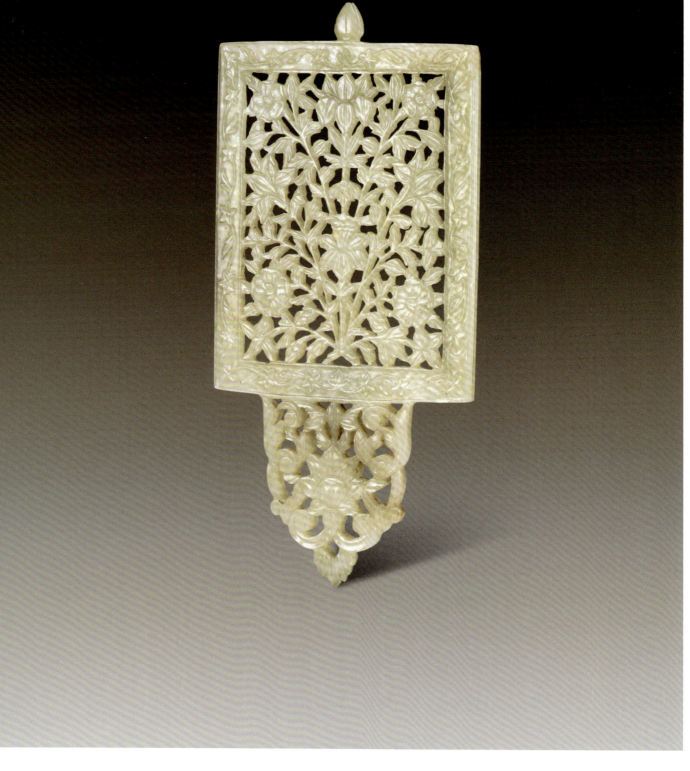

199 **玉洗　清**

高6.5、口径21.7、足径13厘米

青绿色，有黄褐色斑。撇口、敛颈、矮
圆腹，内外壁光滑平素，浅窝足。琢
磨精致光润，器体较大，为仿汉代铜
洗之佳作。

200 玉佛手 清

高17.9、宽11.8厘米

青白色，玉质莹润。雕琢大小两只佛手，
下部枝叶缠绕。做工精致细腻，生动
鲜活。可做花插之用。此器取自天然植
物"佛手"之形，代表"佛陀"保佑、
招来福禄等吉祥之意，且"佛"与"福"
谐音，表达出人们祈望吉祥的美好心愿，
因此佛手成为明清玉雕中的常见题材。

201 | 玉牛童 清

高14.7、宽15厘米

洁白莹润，圆雕。牧童骑于牛背，左手
擎鸟，右手持笛，神情悠闲。牛首微仰，
作漫步前行状，神态形象生动，充满
春天的活力和田园气息。

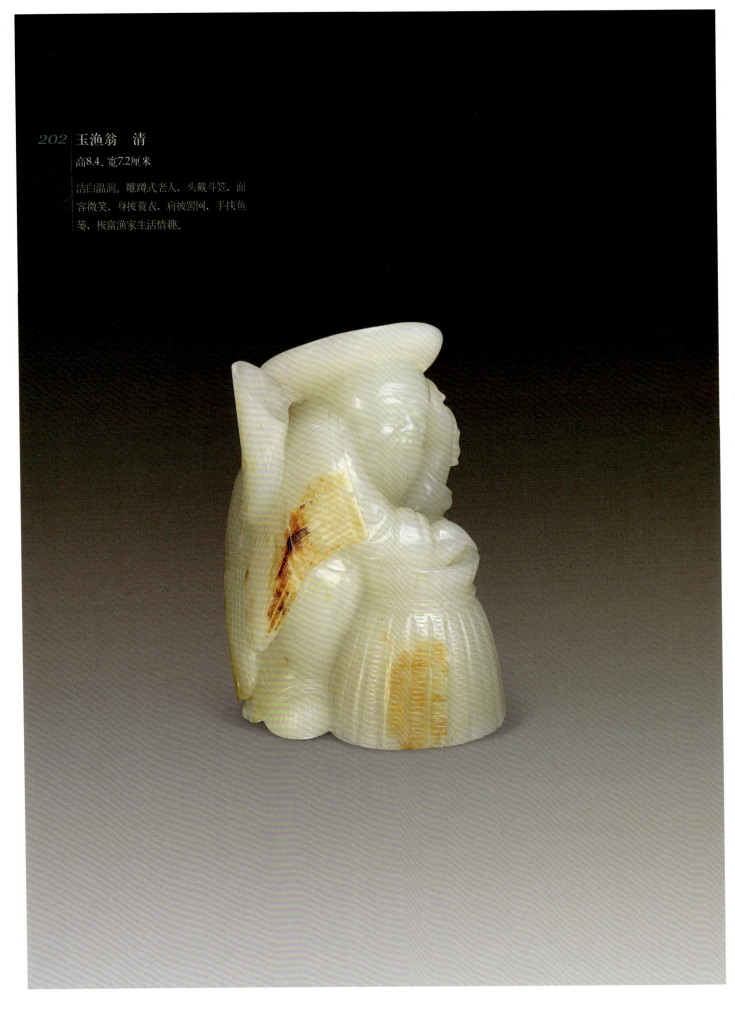

202 **玉渔翁 清**

高8.4、宽7.2厘米

洁白温润。雕蹲式老人，头戴斗笠，面
容微笑，身披蓑衣，肩披罟网，手扶鱼
篓，极富渔家生活情趣。

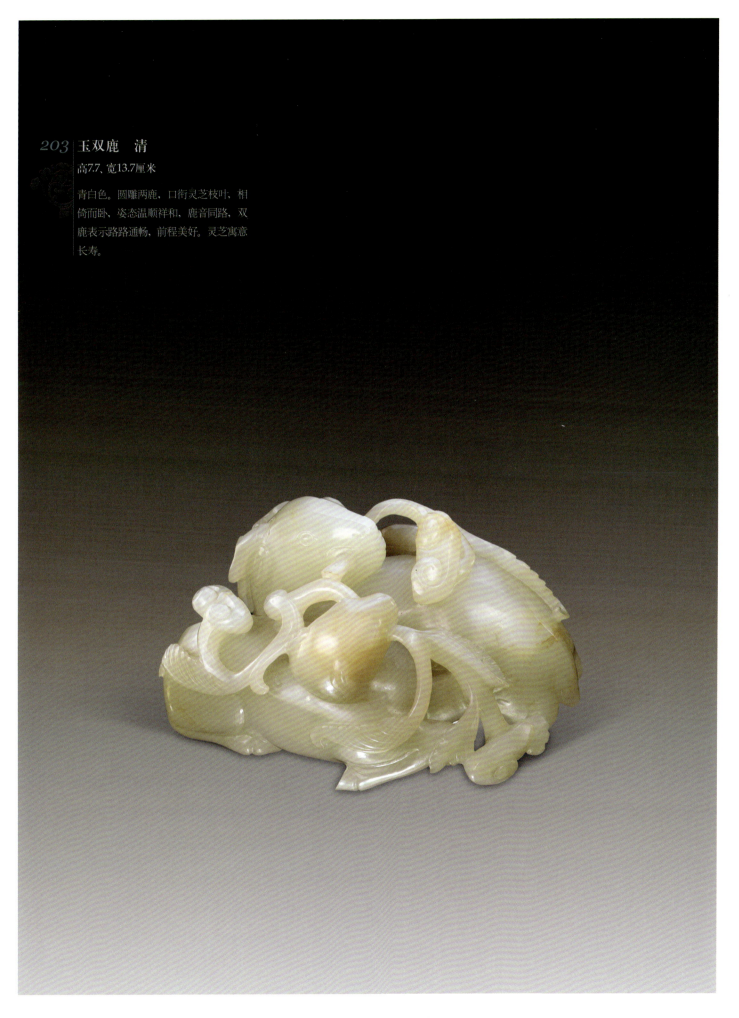

203 玉双鹿　清

高7.7、宽13.7厘米

青白色。圆雕两鹿，口衔灵芝枝叶，相
倚而卧，姿态温顺祥和，鹿音同路，双
鹿表示路路通畅，前程美好。灵芝寓意
长寿。

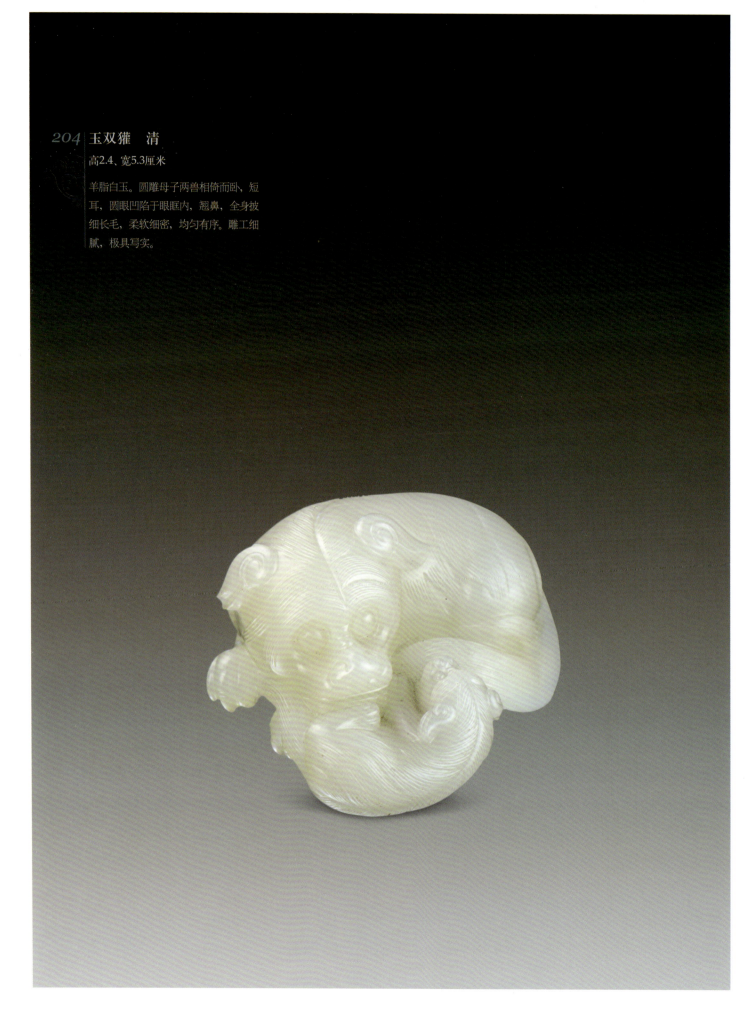

204 玉双獾 清

高2.4、宽5.3厘米

羊脂白玉。圆雕母子两兽相倚而卧，短
耳，圆眼凹陷于眼眶内，翘鼻，全身披
细长毛，柔软细密，均匀有序。雕工细
腻，极具写实。

玉仙人乘槎　清

高10.5、长17.7厘米

青白色。玉船为槎形，槎上站一仙人，
笑容可掬，手持如意云纹船桨，旁侧
雕一衔灵芝立鹤和一卧鹤。造型别致，
雕琢精湛，是一件清代观赏陈设器中
的精品。

206 玉船　清

高4.8、宽17.9厘米

青白色。圆雕水上篷船之家:掌舵、划桨、
捕鱼者，各司其职，船头卧一狗。造型
规整，工艺细腻，立意完美，具有很
好的陈设装饰效果，是一件典型的清
代作品。

207 | **蟠螭纹水晶匜 清**
高20.4、宽14.8厘米

水晶晶莹剔透。盖部高浮雕兼阴线刻双狮衔球纽，器身浮雕双螭，其中一螭在匜口边欲品琼浆玉液。匜的底部琢镂空山石和灵芝。此匜造型硕大，构思奇巧，显现出玉匠独特的艺术匠心和高超的技法。

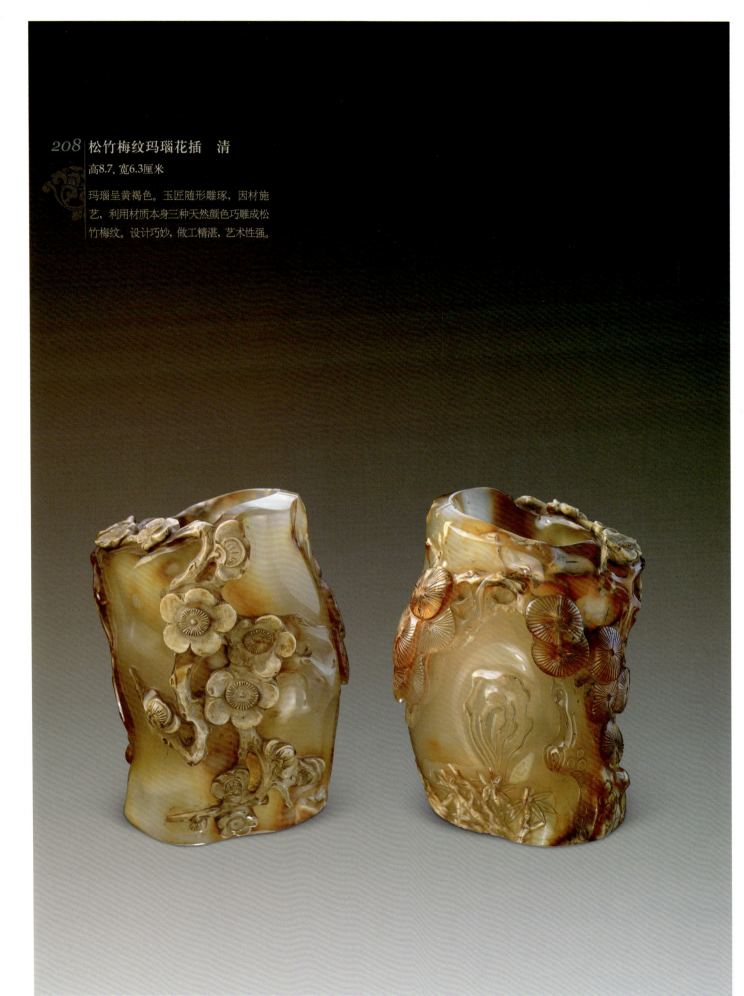

208 松竹梅纹玛瑙花插　清

高8.7、宽6.3厘米

玛瑙呈黄褐色。玉匠随形雕琢，因材施
艺，利用材质本身三种天然颜色巧雕成松
竹梅纹。设计巧妙，做工精湛，艺术性强。

209 观潮玉山子　清

高10.4、宽7.5厘米

和田青白玉，温润致密，琢磨匀润光泽。作品以浮雕技法表现杭州湾钱塘江潮的壮丽景观：白云悬日，磅礴的江水从远方奔腾而来，波涛汹涌，细浪翻卷；岸边松树下，五位身着曳地长衫的老者迎潮而立，忘情地欣赏这大自然的奇观。纹饰生动，代表了乾隆时期玉山雕刻技艺的高水平，是一件难得的艺术珍品。

210 松塔玉山子　清

高16.4、宽33.8厘米

青白色。玉匠以江苏无锡惠山的景致为
模型，利用玉石的自然色彩的差异，雕
琢出浮云环绕的山巅、瀑布湍流、松
柏高塔、台亭殿阁等全景式景观。塔
侧刻御制诗一首。造型讲求均衡效果，
在风景雕刻方面，很好地处理了概括
和繁密的关系，观之令人赏心悦目。

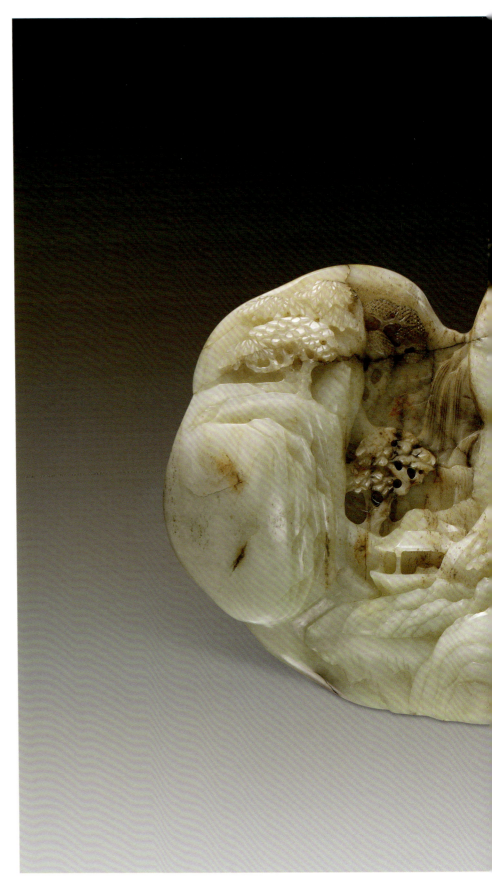

御製詩
此邦若見惠山
與雲淡日蔚屏顏
遙然吟興吟何是
程在泉流峯嶠間

211 小香雪玉山子　清

高10、宽34厘米

青白色。采用圆雕、浮雕技法，把乾隆皇帝南巡所经过的"小香雪"、"敕题法净寺"等名胜古迹，缩微成玉山形式景观，设计巧妙，具有很高艺术价值和观赏价值。

212 | 孝淑睿皇后玉谥册　清

均长28.8、宽12.8、厚0.8厘米

10片，和田碧玉，纯洁润泽。10片分别刻云龙纹（2片）、汉文（3片）及满文（5片），全文共323字，刻划精细，是清道光帝为其生母嘉庆帝孝淑睿皇后所做的谥册，记述其一生的功绩。孝淑睿皇后系满洲正白旗人，副都统、内务府总管和尔经额之女，嘉庆元年（1796）被封为皇后，次年2月病故，谥"孝淑睿后"。道光和咸丰时两次加谥，谥号分别为"孝淑端和仁庄慈懿光天佑圣睿皇后"和"孝淑端和仁庄慈懿敦裕昭肃光天佑圣睿皇后"。帝后作谥册是清朝的定制，通常一式两套，分别置于沈阳和北京太庙。此玉册具有较高的史料价值。

禪受紀元之會慟
位於丙辰當
治贊宵衣盱食而益虔淵正
安襄夏清冬溫而彌恪中宮佐
付託勉承夫
養徒虛電樞虹渚之貞符
恩罔極廿四載晨昏悲慕奉
鞠育劬勞酬
升遐於丁巳在毓祥授室之初十六齡

遺詔播蘭液椒塗之令譽
仁賢備述於
乾章稽戊矩而敬備蕢申美報讓
嚴摛而僉協式燦榮名謹奉冊寶上尊謚曰
孝淑端和仁莊慈懿光天佑聖睿皇后於戲典隆
升配兩儀均健順之功禮備尊親百世仰肅雍之化裕燕貽於有穀景祜方長熙
鴻號於無疆
春暉宛在極顯揚之微恫庶
靈爽之式憑謹言

213 翡翠白菜　清末

高19.4、宽14厘米

利用材质的天然色彩的差异，巧作雕成
白菜。白菜的下部分为灰黄色相间，伴
有褐色斑，其上的叶脉分明，叶片翻卷，
形象逼真，刀法简约。作者利用菜心
处材质的翠绿色，圆雕一对大腹蝈蝈
和一只好像边爬边啃菜叶的螳螂，构
思之巧妙，使人叹赏不已，其卓越的技
艺成就，在清代玉雕中堪称冠绝。

214 菊花纹环耳带盖翡翠扁瓶　清末

均高42.8、宽18.1厘米

2件，淡翠绿色，间少许淡粉色。盖有桃形纽，盖
身及瓶两侧镂雕缠枝菊花纹。颈肩镂空花耳上各套
一活环，瓶身光素，椭圆圈足，足下附座，上阴线
刻兽面纹。此瓶为一块翡翠料剖开制成一对，雕琢
精湛，抛光匀细，是清末玉雕佳作。

215 | 兽面纹玉提梁卣　清末

均高29、宽14.2厘米

2件，碧玉，温润纯净，色彩鲜艳呈碧
绿色。器形仿商代铜卣，双龙首提梁，
器身饰兽面纹。此卣材质优良，纹饰精
美、做工精湛，是清代晚期玉雕的佳品，
成对存世更为难得。

图书在版编目（CIP）数据

天津博物馆藏玉 / 天津博物馆编 . -- 北京 : 文物出版社，2012.4 (2016.9 重印)

(天津博物馆精品系列图集)

ISBN 978-7-5010-3413-0

Ⅰ . ①天… Ⅱ . ①天… Ⅲ . ①古玉器-中国-图集Ⅳ . ① K876.82

中国版本图书馆 CIP 数据核字 (2012) 第 036764 号

天津博物馆藏玉

编　　者：	天津博物馆
出版发行：	文物出版社
社　　址：	北京东直门内北小街 2 号楼
责任编辑	张征雁
责任印制	梁秋卉
装帧设计	李　红
设计制作	雅昌设计中心·北京
邮　　编：	100007
网　　址：	http://www.wenwu.com
邮　　箱：	web@wenwu.com
经　　销：	新华书店
印　　刷：	文物出版社印刷厂
开　　本：	889×1194 毫米　1/16
印　　张：	15
版　　次：	2012 年 4 月第 1 版
印　　次：	2016 年 9 月第 2 次印刷
书　　号：	978-7-5010-3413-0
定　　价：	360.00 元